내가 책방주인이 되다니

마이크

해방촌 작은 서점 **스토리지북앤필름**

안녕하세요, 해방촌 작은 책방 '스토리지북앤필름' 입니다. 저희는 필름 카메라가 좋아서 필름 카메라를 보다 많은 분들이 접했으면 하는 바람으로 필름 카메라를 판매하는 작은 가게 '카메라스토리지'로 시작을 했습니다. 그렇게 시작하여, 양재동 오피스텔, 충무로 오피스 건물 3층을 거쳐 2013년 말 현재 해방촌 자리로 옮기며, 필름 카메라 가게에서 온전한 책방의 모습으로 변모하였습니다. 언 10년이 되었고요, 여전히 해방촌 언덕 그 어느 모퉁이의 작은 책방으로 자리 잡고 있습니다.

책방을 운영하며, 책방 운영자 TOGOFOTO 사진집, Walk zine을 중심으로 책을 발행하기도 하며, 독립출판페어 '퍼블리셔스 테이블'을 공동 운영하고, 독립출판과 독립 책방을 하는 사람들의 이야기를 듣는 팟캐스트 '스몰포켓'도 태재와 함께 진행하고 있습니다. 작지만 가지가지 하는 책방으로 이 씬(scene)을 구성하는 사람들의 작업과 이야기들을 소중히 여기고 있습니다.

해방촌 작은 책방 스토리지북앤필름 이야기

펴내며,

　　2015년 겨울, <바캉스>라는 책을 냈다. 이 책은 2008년부터 필름 카메라를 판매하던 '카메라스토리지'의 이야기부터, 나의 직장생활 그리고 충무로, 해방촌으로의 이전 그리고 업종의 전환까지, 2015년 겨울까지의 이야기가 담긴 책이었다. 그리고 어느덧 3년이라는 시간이 흘렀고 정말 많은 일들이 있었다.

　　성산동에 두 번째 서점 '초판서점'을 열었고, 닫았다. 지금은 또 후암동에 이전을 준비하고 있다. 돈 많은 투자자가 나타났다가 마음만 들쑤시고 나가기도 했고, 좋은 인연인 줄 알았는데 최악의 악연으로 끝난 사람도 있었고, 책방에서 발행한 책들도 그사이 더 많아졌고, 많은 제작자들이 사라졌고, 또 그만큼 새로운 제작자들이 태어났다.

같은 장소에서 책방을 운영하며 시간의 흐름에 따라 참 많은 일들이 있었다. 다시 한번 나의 이야기들을 정리해 보고 싶었고, 그 바캉스를 떠나던 나의 마음이 아직까지 유효한지 살펴보고 싶었다.

때로 지치기도 하지만, 이 또한 바캉스의 매력이 아닐까 싶다.

아직 나는 이 바캉스 속에 있는 것 같다.

2018년 8월,
마이크

이야기 순서

펴내며,

디지털카메라와 필름 카메라 / 카메라스토리지 / 양재동 공간 / 오프라인 공간과 뱅크런 / 그래야 후회가 없을 것 같아서 / 밥벌이를 할 수 있을까 / 잠시 번외 이야기를 하자면 / 퇴사 준비

이럴 땐 이런 책 #1
뭘 하고 싶은지 찾고 있는 동생 / 마가진가쎄 / 첫 번째 사진집 / 첫 번째 입고 / 재입고! / 새 직장 / 독립출판물만 파는 마켓 / 14년 가을, 도쿄아트북페어 / 밀접한 관계는 되어 있지만 간여하지 않는, 해방촌의 새 공간 / 책방들의 책방 / 책방 운영 / 오늘의 기분 / 마켓 후 재진 씨

이럴 땐 이런 책 #2
리틀 프레스, 6699프레스 / 손으로 만든 책의 공간 / 춘천, 인문학 카페 36.5도 / 테이크아웃드로잉과 치읓 / 첫 번째 퍼블리셔스 테이블 / 추석으로 상경한 오월의 방과 귀향하기 전 들른 태재 / 오키로 사장님과 은지 씨 / 해방촌과 추석 / 추석과 이북식 녹두전

이럴 땐 이런 책 #3
계동 무사 책방과 요조 그리고 종수 씨 / 해말라야 / 코코넛 레코드 / 테이크아웃드로잉 책집 전시와 그라치아 매거진 / 아무것도 하지 않겠다는 결심의 유효함 / 컨셉진 29호 / 곧 8년, / 마이크, 마 사장 / 또다시, 언리미티드 에디션! / 연관 책방 / 해방촌 이전 / 해방촌 / 직장 / 해방촌 이웃들 / 성장시킨 사람들 / 바캉스 / 무서운 얼굴 / 아와 어 / 두통 / 상상 / 나초, 에딧, 그리고 요조 / 기억 / 영화 / 휴일을 정말 휴일처럼 / 안면인식 / hbc / 어떤 책방으로부터의 행운의 이메일 / 나의 에너지의 근원은 어디인가 / 36개월, 해방촌 / 지난밤에 / 어떻게 할 거야? / 독립출판물을 만들면서 / 두 번째 책방을 준비하며,

이럴 땐 이런 책 #4
적게 벌면 행복하기 어렵쥬 / 곧, 열 살 / 꼭 그렇게 말해야 할까? / 어느새 2월, 변영근이 그리고 무명 / 어느새 2월, 제주 / 어느새 2월, 이제 일을 합시다 / 어느새 2월, 무사 무사 / 어느새 2월, 무명 이튿날 / 해방촌 이웃, 오랑오랑 / 책은 어떻게 만드나요? '기획' / 책은 어떻게 만드나요? '디자인과 인쇄' / 독립출판물은 어떻게 파나요? / 성수동 / 언더그라운드 마켓 / 불편할 수도 있겠지만, / 메시지 기계 / 문을 열기까지, / 오늘 아침 / 6118 / 덤프트럭과 코끼리 / 물에 빠진 사람은 물에 빠진 채로 / 몇 살이에요? / 남해에 다녀오면서, / 독립출판과 독립 책방 팟캐스트 '스몰포켓' / 돈 받고 여행가는 일 / 시시때때 특별활동

나가며,

다시 펴내며

○ **디지털카메라와
　　　　　필름 카메라**

　　　　　대학에 입학하면서부터 필름 카메라에 관심을 가졌다.

　때는 필름에서 디지털카메라로 넘어가던 시기였고, 친구들이 2백만 화소의 니콘이나 캐논 디지털카메라를 가방에서 꺼내면 "우와"를 연발하며 "막 찍어도 되겠다"며 이렇게 저렇게 구경하던 때였다. 그런데 디지털카메라는 무언가 심심했다. 가지고 싶은 욕망은 있었지만, 사진도 심심하고 생김새도 심심해서 딱히 필름 카메라보다 훨~씬 큰 매력은 못 느꼈다. 그리고 나는 사진 보정에는 정말 관심이 없었다.

나는 로모 LC-A라는 필름 카메라를 사용했다. 눈으로 대중 거리를 잡고 촬영하면 초점이 맞는 목측식 카메라였다. 생긴 것도 마음에 들고 로모의 특유 색감이 정말 마음에 들었다. 그럼에도 불구하고 대학생 시절 아르바이트를 하지 않으면 돈이 없던 때라, 팔고 사고 팔고 사고를 반복했다. 그래서 20대 초반의 사진들을 보면 필름 사진도 많지만 어쩔 수 없이 팔고 난 후의 사진들은 디지털 사진들이 많았다. 2007년 여름 홋카이도의 사진들을 보면 디지털로 찍어서 아직도 아쉬움이 많이 남는다.

대학도 점수에 맞춰 갔고, 학과도 점수에 맞춰 입학하다 보니, 딱히 즐거움이란 건 사진 찍는 것 외에는 별로 없었다, 나는.

이래저래 들어간 회사는 은행이었고, 업무는 다소 내 능력에 비해 과한 편이었다. 그리고 마치 다단계 기업의 확장판 같은 느낌이었다. 새로 들어간 직원들은 매월 일정 개수의 카드를 만들지 않으면 인사고과에 기록되었고, 어떤 달은 방카, 또 어떤 달은 예적금, 또 어떤 달은 대출도 상품군에 따라 정해놓은 목표에 도달해야만 하는 미션들이 줄기차게 이어졌다. 그래도 처음에는 취업을 했다는 사실에 좋아했고 감사했지만, 하루하루 지날수록 그저 그런 생활에 익숙해져 갔다.

실적에 이어 매 정기적으로 보는 금융 관련 시험에 합격하지 않으면 안 되는데, 나는 그 시험에 어려움이 많았다. 공부할 시간이 부족했다면 내가 게으른 사람이 되는 것이고 다른 사람들은 그냥 붙는 것인데, 그것이 유독 나에게는 어려웠다. 다달이 주는 월급에 감사하며 다녀야 하는 게 맞는 것이라 생각했고, 요구하는 사항에 따르는 것이 나의 의무라고 생각하다가…….

    뭔가 재미있는 걸 같이 하면 내 인생이 조금 즐겁지 않을까, 그런 생각을 문득 했다.

○ **카메라스토리지**

　　　나의 누나는 여러 가지 방면에 소질이 많은 편이다. 영어나 일어 등의 언어적인 측면에서도, 웹사이트를 만드는 일에도, 우리 집 강아지를 다루는 일에도…….

　　뭐가 좋을까 하던 차에 필름 카메라를 좀 더 저렴한 가격에 판매하는 웹사이트를 운영해 보면 어떨까 하는 생각이 들었다. 직장도 다니겠다. 금전적으로 상황도 그럭저럭 괜찮겠다. 회사에 다니면서 지점장처럼 나이 들긴 싫었으니까.

그리고 내가 저 나이까지 다닐 순 없을 것 같으니까, 주말마다 돌잔치 가고 산에 가기 싫었으니까.
 그래서 누나에게 부탁했다. 웹사이트를 만들어달라고…….

 '카메라스토리지'의 웹사이트는 큐브 형식의 사이트로 만들어졌다. 큰 직사각형에 작은 정사각형들을 넣어 이미지와 컬러로 채워진 네모 박스들만 보이도록. 카테고리는 각 네모를 클릭해봐야 알 수 있도록. 정말이지 폐쇄적인 구조의 웹사이트였지만, 나는 지금도 그 사이트의 패턴이 좋다.

 그렇게 이베이 사이트와 일본에 거주하고 있는 누나를 통해, 여러 필름 카메라를 받을 수 있었다. 그것도 아주 좋은 가격에.

 그래서 하나씩 올리기 시작했고, 네이버 카페

로 조금 회원이 있었던 터라 반응이 꽤 좋았다. '이러다 나 회사 그만둬도 괜찮은 거 아닌가?', 이런 생각이 들 정도로. 비비타울트라와이드를 20차 이상 공동구매도 했고, 콘탁스 T3, 네츄라클래시카 등 똑딱이 필름 카메라들이 정말 인기가 많았다.

근무를 하고 회식을 하고 나면 거의 자정에 집에 와서 다음날 보낼 카메라들을 뽁뽁이에 넣어 포장하고 나면 새벽 두 시쯤이 되어서야 잘 수 있었다. 그렇게 수량이 많지 않았으니 퇴근길이 참 즐거웠던 때였다.

아버지와 어머니는 관심 없는 척했지만, 주문이 들어온다는 것에 은은한 미소를 보이시며, 신기해하셨다.

첫 난관은 사업자 문제였다. 인터넷으로 물건

을 파는 것 자체가 처음이었고 이래저래 모르는 것들이 많아서, 사업자가 반드시 필요한 것인지 몰랐다. 웹사이트를 통해 판매를 하고 한 달이 지났을 즈음 어디선가 신고가 접수되었다며 사업자 등록을 반드시 하고 영업을 하라는 경고 메일이 왔다. 아마도 동일한 기종을 내가 너무 저렴하게 판매해서 유일하게 판매하고 있던 곳에서 신고한 것으로 보였다. 그곳은 일이 년 후에 바람과 함께 사라졌다.

메일을 보낸 곳으로 전화를 했더니 너무 걱정은 말라며 삼 주 안에 사업자를 신고하고 다시 운영하면 된다는 말에, 당장 웹사이트를 일시 폐쇄하고 사업자를 만들었다.

"카메라스토리지"라는 이름으로.

양재동 공간

이름은 정말 별 뜻 없이 정했다. 인터뷰에서 이름을 왜 '스토리지'로 정했냐는 질문을 받을 때마다, 어찌 이야기해야 하나, 어떻게 포장해야 하나, 가끔 당혹스럽긴 하지만 정말 머릿속에 떠오른 이름이 그냥 '스토리지'였다.

'카메라스토리지'는 비교적 잘 된 편이었다. 그래서 어느 순간 쇼룸처럼 오프라인 공간이 필요하다는 걸 느꼈다.

회사에선 적극적으로 근무하는 척하며 피터팬 네이버 카페로 매일매일 출근했다. 좋은 가게는 없나 어디 들어갈 곳은 없나, 그렇게 찾다가 불현듯 부동산은 '발품을 팔아야 제대로 된 곳을 찾는다던데' 하는 생각을 하며 네이버 카페를 나오기를 반복했다.

그런 생활을 하다가, 인근 부동산에 들어가 사무실로 쓸 만한 곳을 추천해달라고 했다. 마침 집 주변에 가격이 비교적 저렴한 오피스텔이 있어서 그 오피스텔을 보게 되었고, 한 번에 마음에 들어 바로 계약을 해버렸다. 건물의 모퉁이에 위치한 19층의 첫 번째 공간은 천장이 비스듬해서 너무 마음에 들었다. 마치 사다리꼴 모양의 공간이었다. 원룸 구조로, 화장실도 싱크대도 있어 생활하기엔 충분했다. 화장실의 변기 레버가 느슨한 게 문제이긴 했지만, 뭐. 크게 신경 쓰지 않았다. (나중에 화장실 변기 레버 문제로 10톤의 물을 한 달 동안 사용하게 되었지만서도…….)

 내가 가지고 있는 적은 돈으로 이만한 공간을 마련하다니, 그저 내가 기특했다 생각했다. 헛헛헛!

 내부 페인트칠은 이미 되어있었고 그냥 몸과 짐만 들어가면 되는 상황이라, 바로 그다음 주로 일정을 잡고 짐을 옮기기 시작했다. 퇴근하고 하나씩 옮겨가며 일주일 동안 공간을 채웠다.

 일주일이 지나고 소소한 오픈 파티도 했다. 네이버 카페에서 그간 친하게 지냈던 친구들도 오고, 고등학교 친구들도 오고, 회사 동생들도, 어학연수 때 만났던 친구들도 왔다.

 그렇게 양재동의 첫 오프라인 공간을 시작했다.

오프라인 공간과 뱅크런

2008년 1월부터 필름 카메라를 온라인으로 판매하다가, 2010년 11월에 양재동 오피스텔의 한 곳으로 둥지를 틀게 되었다.

필름 카메라의 가격은 천차만별이라 정말 다양했다. 코니카 빅미니 201, 301 등의 저가의 똑딱이부터 콘탁스 t3, 미놀타 tc-1 등의 고가 똑딱이까지.

주말에만 문을 여는 불편한 오프라인 공간임

에도 불구하고 일주일에 5~6분 정도 찾아와주셨다. 무려 19층까지. 지금 생각해 보면....... 왜 오피스텔에 구했지? 하는 생각을 하곤 한다. 오피스텔은 비교적 편했는데, 관리비가 너무 비쌌다. 일주일에 머무는 날이 이틀에 불과했지만, 한 달 월세만큼 관리비가 나갔다.

그럭저럭 순탄하게 '카메라스토리지'는 나아가고 있었지만, 내가 다니던 회사에는 온갖 풍파가 몰려왔다. 저축은행으로 이직하자마자 모기업이 검찰 조사를 받는 탓에 회사는 정말 정신이 없었다. 좀 괜찮아졌다고 느낄 즈음, 모 신문사의 오보로 내가 다니던 은행은 뱅크런을 맞이했다. 벌써 4년 전 일이라니.......

본점에 근무하던 중이었는데, 예금 업무를 볼 수 있는 남자 직원이 별로 없어서 내가 긴급 투입되었다. 시중 은행의 여느 지점보다 훨씬 바쁜 테크노마트 점으로 갔다.

테크노마트 점은 본점 근무 이전에 1년 반 정도 근무를 했어서 다른 지점이나 팀보다 애정이 많이 가는 곳이었지만, 끊임없이 밀려오는 손님들로 직원들은 굉장히 힘들어하는 곳이었다.
그렇게 오보로 인한 뱅크런 전쟁은 시작되었다.

이른 아침 출근길에 지점 앞에 기다리고 있는 손님들의 눈에서는 마치 나를 잡아먹을 것만 같은 그런 느낌이 들었다. 영업을 시작하는 동시에 대기표는 테크노마트 점에서만 천 장이 넘게 발권되었고, 은행이 망한 것도 아닌데, 고래고래 소리 지르는 사람들도 있었다.

그리고 '쇼'를 하는 분도 있었더랬다. 어느 소리 지르는 분께 상냥한 지점장님이 옆에 다가가 무슨 일로 그러시냐 여쭤보니, "돈트 터치 미" 이렇게 답변하던 어느 백발의 아주머니가 기억난다. 지점장님이 그 손님을 모시고 안으로 들어가려 하자 "아이 돈트 해브 이너프 타임"이라 말하며 은근슬쩍 지점장실로 먼저 앞장섰던…….

마치 전쟁터 같았지만 이틀, 사흘이 지나고 주말이 지나고는 다시 언제 그런 일이 있었냐는 듯이 은행은 평안했다. 마음도 몸도 많이 지쳐있었지만, 그 풍랑이 무사히 넘어간 것에 감사했고, 함께 그 난관을 넘긴 직원들끼리의 관계는 더욱 단단해져 갔다.

그래야 후회가 없을 것 같아서

그렇게 뱅크런은 무사히 끝났지만, 저축은행들이 정리되면서 내가 속했던 곳도 9월에 영업정지를 맞이했다.

3개월 동안 어디서 인수를 하면 좋을지 직원들끼리 이야기도 많이 하며 그나마 비교적 즐거운 시간을 보냈다. '일본계가 인수하면 일본어를 배워야 하지 않냐'라는 둥, 경상도 은행이 인수를 하는 것 같다고 하면 유창하지 않은 경상도 사투리를 연습하기도 하고.

인수하는 입장과 인수되는 입장은 다르기에 인수되는 우리 입장에서는 모든 직원이 인수되기를 바랐다.

사회 어디든 그렇겠지만 회사가 정리되면서 나이나 실적 부분에 따라 인수가 되는 사람들과 인수가 되지 못하는 사람들로 나누어졌다. 하지만 여타 기업에 비해 직원 간 단결과 친밀도는 아주 좋은 기업이었다. 그렇게 인수한 기업을 함께 욕하며 맨날 회식을 하며 삼 개월을 보냈다.

회시의 고난 속, 1월에 지방의 큰 은행에 인수되면서 다시 정상적인 업무를 보았다. 손님들도 마치 이전에 무슨 일이 있었냐는 듯이 굉장히 자연스럽고 평화로운 예전의 영업장의 모습을 찾아갔다.

문제는 결국 내 마음속에서 일어났다. 인수

되지 않은 분들 중에 내가 정말 좋아하고 존경하는 분들이 많았는데, 그분들이 함께하지 못한다는 상실감이 컸었고, 새로 영입된 분들은 쉽게 이해하기 어려운 사람들이 많았다. 정말 머리에 기름칠하고 매일 브로커들이 하루가 바쁘다는 듯이 들락거렸다. 정작 급한 업무들은 뒷전으로 미루면서.

기존 대출에 대한 새로운 사람들의 판단은 받아들이기 어려웠다. 그 받아들이기 어려움을 극복해야 했지만, 그간 직장에서의 지침과 허무함 그리고 내가 이 길을 계속 갈 수 있을까에 대한 의구심은 커져만 갔다.

지난 오 년 새 지점장의 나이는 5~10년이 젊어졌고, 그렇게 허무하게 기업이 망하고 다시 시작하는 것을 겪으면서 그냥 무작정 떠나고 싶었다. 그리고 카메라스토리지를 정말 온 힘을 다해

해보고 싶었다.

그래야 후회가 없을 것 같아서.

○ **밥벌이를 할 수 있을까**

회사에 다니면서 중간중간 쉬는 시간마다, '만약'이라는 전제하에 내가 회사를 나와서 **'카메라스토리지'만 한다면 밥벌이를 할 수 있을까**에 대한 다각도의 연구를 했다. 먹고 사는 문제가 크기도 했지만, 부모님께 퇴사를 말씀드릴 때 "전 모든 준비가 되어있으니, 회사를 나가도 괜찮습니다." 말할 수 있는 확신을 드리고 싶었다.

그래서 엑셀 파일로, 필름 카메라를 한 달에 얼마를 팔고, 일본 생활용품을 얼마를 팔면, '힘들겠지만 그래도 생활은 되겠다. 그래, 이 정도면 할 수 있겠다' 정리했다.

그런데 뭐 또 없나. 부가적으로 더 해볼 만한 거 없을까. 아무래도 좀 부족한 것 같은데……

그러다가 외국인 관광객에게 투어 하는 상품을 해보면 어떨까, 생각했다. 그런데 면허가 2종이다. 그리고 차도 없다. 집을 렌트해서 게스트하우스를 해도 좋겠다. 그런데 돈이 없다. 아, 그럼 공부방이 괜찮다던데 그걸 해볼까. 그런데 애 성적 떨어지면 어쩌지. 별의별 상상을 다 했었다.

그래도 한번은 필름 카메라를 제대로 팔아보자는 결론을 얻었다.

회사로부터 더 이상 스트레스를 받지 말자, 해보고 싶은 걸 해보자. 매일 보는 머리에 반질반질 기름칠한 놈도 보기 싫고, 사기꾼 같은 브로커도 싫고, 책임 떠넘기는 사람도 보기 싫고.

그만두면 가장 하고 싶었던 장기 여행도 다녀오고, 사진도 많이 찍고, 내가 하고 싶은 것도 하며, 즐겁게 살아야지 하며.
사표를 제출했다.

이로 인해 면담을 몇 차례 했다. 담당 팀장, 본부장과 하면서 내가 확신에 차서 무언가를 이야기한다는 게 나 스스로 기특했다.

ㅋㅋㅋㅋㅋ

회사를 그만두는 건, 정말 나의 결단이 세워지면 세상에서 제일 쉬운 일 같다. 군대는 중간에 그만둘 수도 없고, 학교는 중간에 그만둘 수 있겠지만 과정이 제법 복잡하고, 회사는 그냥 싫으면 나가면 그만인 곳이다. 나를 대체할 인원은 상시 대기 중이며, 나란 인간이 아니어도 교체가 가능하기 때문이다.

그동안 함께 지내왔던 회사 동생들과 상사분들과, 여러 차례 술자리를 가지며 그렇게 은행에서의 첫 번째 회사 생활은 정리되고 있었다.

잠시 번외 이야기를 하자면

정말 좋은 사람들을 많이 만난 조직이었으나, 나를 유독 괴롭힌 사람은 잊히지 않는다. 그런 사람이 많지는 않았고 그동안 한 명이었다.

나는 비교적 단순한 성격이라 좋은 일은 오랫동안 기억하지만, 기분 나쁜 일을 금세 잊어버리곤 한다. 그런데 그 나를 괴롭힌 한 사람이 한 짓이나 말은 지금까지도 잊히지 않는다.

모든 건 입사 초기의 일이다.

#01

은행에서 예금을 늘려야 하는 캠페인 기간이었다. 부모님은 자식이 다니는 은행에 예금을 넣어 주시겠다며 직접 은행에 오셨다. 사회 초년생이기도 했고, 이래저래 눈치를 보는 상황이라 부모님은 상담실에서 예금 담당하는 과장님과 '그 사람'과 이야기를 나누었다. 그렇게 부모님은 예금을 예치하고 집으로 돌아가셨다.

일 년 반쯤이 지났을까 우연히 어머니하고 이야기를 하다가 그때 '그 사람'이 부모님께 했다는 이야기를 들었다. 입사한 지 두 달이 채 안 지났을 때이니 나로서는 은행 업무라든지 용어라든지 모든 부분에서 잘 모를 때였다. 그렇지만 예금을 예치하겠다며 아래 직원의 부모님이 오면, 최소한 '잘하고 있다는 둥' '열심히 하려 한다는 둥' 뭐 이런 이야기를 해주는 게 서로 기분이 좋을 텐데, '그 사람'은 우리 강 계장은 금융 상식이 부족하고, 이것도 부족하고 저것도 부족하고, 모든 게 부족해서 어떻게 교육해야 할지 고민이라는 말을 부모님께 했단다.

#02

타 지점과 연합 회식이 있었던 날이었다. 입사한 지는 석 달 정도 되었을 때, 타 지점의 여자 과장님께서 '강 계장은 순수한 거 같아요'라는 말씀을 하시자마자 '그 사람'은 이렇게 말했다. "아~ 우리 강 계장 순수하죠. 머리가 하얘요. 머리에 든 게 없어요."

#03

어떤 담보 대출 건이 있었다. 대출 관련된 비용이 모두 출금 되고 일부 금액이 그 고객의 통장에 남게 되었다. 대출을 취급하고 2~3일이 지났을까 그 고객이 통장에 남아 있는 금액을 찾으러 왔다. 나는 출금 업무를 보게 되었고 정상적으로 그 사람은 돈을 찾아갔다. '그 사람'은 당시에 외근 중이었던 터라 이 상황은 몰랐지만, 다녀와서 출금 사실을 이야기하자 미친 듯이 소리를 지르며 화를 냈다. '그 돈으로 대출이 연체되면 이자를 납부할 돈인데 네가 뭔데 그 돈을 내주냐'는 그런 이유였다.

그날 창고에서 그렇게 소리를 지르고도 분이 안 풀렸는지 테크노마트 1층 광장에 불러다가 고래고래 소리를 질렀다.

지금도 이해가 되지 않는 건, 그렇게 염려되는 대출은 애초 진행하지 않았었으면 되지 않았나 싶다는 점이다. 나 같았으면 그 대출은 하지 않았을 것이다. 차주는 별로여서 연체는 예상되었고, 단지 부동산 가치만 환가 가능한 거 외에는.

#04

'그 사람'은 매일 퇴근이 늦었다.

주에 이틀에서 사흘은 야구 경기 중계를 보는 일 때문에 늦게 가곤 했다. 처음에 발령을 받고 여섯 시가 좀 넘으니 지점장님께서 신입은 먼저 들어가라고 하셔서 일주일 정도 그렇게 지냈다. 불현듯 "너는 가란다고 진짜 가냐"며 '그 사람'이 뭐라 했다. 그래서 무슨 일을 해야 할지 가르쳐 주지도 않아서 멀뚱멀뚱 있었더랬다.

7시쯤 되었으려나, '그 사람'이 "야, 난 저녁 안 먹을 건데, 넌 먹을 거야?" 물었다. 둘밖에 없는 시간에 상사가 안 먹는다는데, 먹겠다는 아래 직원이 몇이나 될까. 그래서 "아 전 괜찮습니다." 답했더니, "너 나랑 똑같구나. 저녁 안 먹는 거." 이런다.

#05

입사 초기에 회사 내부에 '멘토-멘티' 제도가

있었다. 분명 직속상관인 '그 사람'이 멘티가 되는 게 맞는데, 직원들 앞에서 "난 쟤 멘티 안 해." 그러면서 남자 과장님께 "멘티 하세요." 말했다. '나도 남자 과장님이 더 좋다.' 이러고 싶었지만... 쓰글놈.......

#06

'그 사람'은 '신입 킬러'로 사회 초년생들을 못 잡아먹어 안달 난 것 같은 캐릭터였다. 내가 첫 '그 사람'의 직속 직원이었고, 괴롭힘 덕분에 정체 모를 혹도 목뒤에 엄청 크게 났더랬다. 그 후 여러 동생들이 참으로 힘든 직장생활을 경험했다.

'그 사람'의 제일 단점은 타인에게 인신공격을 하는 것이다. 사회의 존경을 받을 만큼 혹은 인정할 만한 게 하나도 없는 '그 사람'이 나를 비롯해 여러 동생들이 그 사람에게 인격적인 무시를 당한 건 지금에 와서도 분이 풀리지 않는다.

물론 경조사로 어쩌다가 만나게 되면 웃으며 인사는 한다.

○　　　퇴사 준비

그렇게 준비되어 가던 나의 퇴사는 담당 팀장, 본부장, 대표이사의 결제 라인을 타며, 나에게 열흘 정도의 마무리할 시간이 주어졌다.

나는 교회를 대상으로 하는 대출업무를 맡았었는데, 약간 특수한 상품이다 보니 직원 중에 다룰 수 있는 친구들이 없었다. 하지만 내 업무를 어떤 누군가에게는 전해줘야 하는 상황이었기에, 업무 인수인계서를 정말 꼼꼼히 적었다. 대출받은 사람들 혹은 교회들의 특징이라든지, 담당자는 누구인지, 대출 만기 시 연장 때 주의할 점 등등. 열 장에 가까운 업무 내용을 적으며, 그렇게 마무리를 지었다.

때마침 회사에서 정말 친하게 지냈던 동생은 내가 사직서를 제출하기 육 개월 전에 "형 내가 무엇을 좋아하는지 찾아보고 싶어"라며 그만두었다. 그렇게 아무것도 안 하고 쭉 놀고 있던 녀석에게 '카메라스토리지'를 같이 하자고 꼬셨다. 정 맞지 않으면 네가 하고 싶은 걸 같이 찾아보자며.

나는 회사에 있어야 하니, 그 동생에게 마땅한 자리를 알아보라고 했다. 내가 살고 있던 집은 강남 쪽이고 그 동생 집은 노원이라 중간에 위치한 자리를 공략했다.

어느 날 동생이 문자로 어느 사무실의 사진을

보내왔다. 삼 층의 사무실이었는데, 창문으로 난 볕이 비치는 공간이었다. 다섯 평 안팎의 공간이었고, 한 번에 마음에 들어 바로 계약하게 홀딩해달라고 말했다. 그 주말 동생과 함께 다시 한번 본 공간은 일반 사무 건물의 베란다를 확장한 공간이었다. 그럼에도 불구하고 채광이 너무 좋은 공간이었고, 우리가 가지고 있던 돈은 500만 원 안팎이었기에 이만한 자리는 또 없을 것이라는 생각에, 결정을 하고 계약을 단번에 해버렸다.

나의 자리 계약 패턴은 보통 한번 보고 결정을 하게 된다. '신중하자, 신중하자' 속으로 되새기지만, 귀가 얇아서 그런지, "지금 안 하면 금방 나갑니다"라는 말에 그 신중은 어느 뒤편으로 사라져버린다.

그렇게 충무로에 공간을 구하고 채울 DIY 가구들을 주문했다. 주문해서 받은 그 가구들은 정말 간단하게 할 수 있는 DIY도 있었지만, 도저히 DIY라고 하기에 너무 힘든 것들도 많았다. 동생과 함께 조립하며 공간을 하나씩 하나씩 채우고 그 주말 친구들에게 부탁해서 필름 카메라를 비롯한 많은 짐을 충무로로 옮겨왔다.

공간을 준비하는 동시에, 회사에서 인계서를 쓰면서 두 달간의 유럽 여행 계획을 세웠다. 2006년과 2007년 사이의 뉴욕 여행 때 숙소가 없어서 길거리에서 잤던 며칠이 나에게 큰 교훈을 주었다. 여행할 때는 어느 정도의 계획과 최소 숙소는 정하고 떠나야 한다는. 그래서 모든 일정을 정하고 숙소도 미리 다 예약을 했다.

파리 - 브뤼셀 - 암스테르담 - 뮌헨 - 하이델베르크 - 빈 - 프라하 - 부다페스트 - 자그레브 - 베네치아 - 로마 - 밀라노 - 베른 - 인터라켄 - 취리히 - 리스본 - 마드리드 - 세비야 - 그라나다 - 바

르셀로나

 여행을 다녀오고, 많은 것을 보고, 다른 거 생각 안 하고, 일단 다녀오자. 그리고 바르셀로나에서 나초와 에딧을 만나서 재미있게 놀자! 또 돌아와서는 재미있게 나의 일을 내가 만들자!

○　　　　　**이럴 땐 이런 책 #1**

서울의 목욕탕 6699PRESS

서울의 오래된 목욕탕 아카이빙 북. 오래 목욕탕을 경영하신 주변의 어르신들에게 선물하세요. 매서운 때밀이 수건에 등짝이 화끈해져 본 분이라면 추억의 단지 바나나 우유와 함께!

안녕, 둔촌주공아파트 이인규

세대별로 느끼는 향수와 집단 기억은 다르기 마련. 저자는 둔촌주공아파트를 태어나고 자란 '고향'으로 인식한다. 아파트에 대한 천편일률적인 이미지나 비판, 편견이 담지 못하는 자신만의 추억을 간직한 아파트 키즈라면 꼭꼭. 공간에 대한 감수성이 어떻게 달라질 수 있는지 잘 보여준다.

브래드씨 이야기 강다사랑

표지부터 빵 러버들의 마음을 끌어당기는 브래드씨 이야기. 다양한 빵과 레시피를 사랑스럽고 폭신폭신한 그림으로 만끽할 수 있다. 빵 러버들이여, 이 책을 먹고 싶어도 꼭 참으시라. 최애 빵 하나를 끌어안고 야금야금 뜯어먹으면서 읽자. 빵지순례에 갖고 가도 좋다.

엄마, 있잖아 구자선

책에 얼굴을 비비지 않도록 주의하자. 귀여움이 죄라면 이 책은 무기징역…아니다 징역은 내가 살게 책은 마음껏 귀염기를. 아기 해달과 엄마 해달이 등장하는 그림책이다. 당연해 보이는 것에 아기 해달이 던지는 질문, 수면 위의 동그라미처럼 퍼져나가는 엄마 해달의 사랑이 따뜻하고 사랑스럽다.

○　　　**뭘 하고 싶은지 찾고 있는 동생**

　　　　2012년 봄과 여름 사이에 충무로 공간을 마련하고 '뭘 하고 싶은지 찾고 있는 동생'에게 맡긴 채, 두 달간 여행을 떠났다. 2001년 호주 배낭여행 이후, 처음으로 장기간의 여행이라 부푼 마음을 안고 여행을 떠났다.

　지금 생각해 보면 정말 재미있는 여행을 했다. 도시마다 장소마다 풍기는 느낌이 좋았고, 사람들로부터 풍겨 나오는 여유도 좋았다. 그리고 여행 마지막엔 바르셀로나의 나초와 에딧과 함께 보낸 삼 주간의 기억도 참 좋았다. 제일 좋은 건 필름 카메라에 담긴 사진들이 대부분 마음에 들어서 행복했다.

그렇게 여행을 다녀온 후, 충무로로 향했다. 어떻게, 잘되고 있는지 두근두근했다.

딱, 충무로 공간으로 문을 열고 들어간 순간, 저엉말- 난감했다. 가기 전에 붙여 놓았던 사진들은 여기저기 떨어져 있었고 눈에 보이는 곳에 먼지들이 수두룩했으며, 식물들은 말라 죽어있었다. 그 '뭘 하고 싶은지 찾고 있는 동생'에게 정말 화내고 싶었지만, 참고 공간을 다시 원상 복귀하느라 도착한 하루를 그렇게 보냈다.

그 '뭘 하고 싶은지 찾고 있는 동생'은 내가 여행을 갔던 사이에 아동복을 어찌어찌 납품을 받아 '옥션' 같은 곳에 판매해 보기 시작했다. 80여 종, 2천여 벌을 500만 원에 구입해서 옷을 분류

하고 개별로 촬영하고 그걸 또 온라인에 올리는 작업을 혼자 꽤나 열심히 했을 것 같았다. 정말 기특했다. 그렇게 열심히 뭔가 해보려고 하는 모습을 처음 본 느낌이랄까.

그런데 그건 녹록지 않았다. 아무래도 아동복을 판매하는 곳들은 너무나도 많았고, 가격이나 품질 경쟁 그리고 홍보에 돈을 부어 넣기에는 한참 역부족이었다. 심지어 온라인 주문 건은 거의 제로에 가까웠다.

그 동생에게 나가서 팔아보자고 제안을 했다. 그래서 무더운 여름날, 그 동생과 함께 동생네 차(무쏘 스포츠)를 타고 개포동에 위치한 작은 평수의 아파트 단지 앞에 가판을 벌렸다. 그 아파트는 동네에서 신혼부부가 비교적 많이 사는 동네여서 아이들이 은근히 많을 거라 판단했다. 나와 비슷하거나 조금 더 나이가 있어 보이는 여성

분들과 할머니들이 우리가 판매하는 옷에 많은 관심을 기울였다.

 티셔츠를 한 장에 삼천 원에 판매했는데, 손님들이 '복권 당첨되었다'며 신나 하며 많이들 구입해 주셨다. 아마 20만 원어치 정도 판매했던 것 같다. 그렇게 토요일 판매를 하고 일요일에도 그 동네에 가서 팔았다. 취업하기 전에도 여러 아르바이트들을 했었지만 그렇게 야외에서 땀 흘리며 돈을 번 적은 없었던 것 같다.

 나는 필름 카메라를 파는 건 하고 있었기에 그다음 주에는 그 동생이 사는 동네로 가서 팔아보라고 했다. 쑥스러움이 많았던 동생은 여러 곳에 시도를 했었지만, 길거리에서 판매가 어려운 동네라 그다음 주엔 판매하지 못했다.

 그리곤 2주 정도 지났을까, 그 동생은 그 아동복들을 헐값에 팔아버렸다. 아주 많은 손해를 보고.

나 같으면 그렇게 팔지 않았을 거라며 잔소리를 했지만, 그 동생은 좋은 경험한 거라며 스스로 위안을 했다. 앞으로 잘 모르는 건 하지 않겠다며, 그런 다짐도 했다.

뜬금없이 동생이
할아버지가 옛날에 쌀을 파셨는데,
나도 쌀을 팔아볼까?
이런다...

○   **마가진가쎄**

그렇게 아동복을 처리하고 2012년 7월 7일, 조촐한 오픈 파티를 열었다. 양재동 오픈 때보다 아주 조금 더 많은 사람들을 초대했다. 작은 공간이었지만, 스무 분이 넘는 손님들이 방문해 주었다.

그렇게 필름 카메라를 판매하는 일을 본격적으로 시작했다. 나는 미리 계획을 세우고 그대로 해야 하는 성격이기도 했고, 정기적인 생활을 하지 않으면 나 스스로를 조절하기 어려울 것 같아,

매일 출근은 9시까지 그리고 퇴근은 6시 이후에 하는 거로 정해서 움직였다.

매일매일 이베이를 샅샅이 들여다보았고, 네이버에서 시작한 샵N이라는 서비스를 통해 쇼핑몰도 만들어 보다 편한 온라인 숍으로 손님들이 카메라를 구입할 수 있게 했다.

정말 희한한 건 카메라숍들에게 항상 크나큰 시련들이 몰려온다는 것이다. 2008년부터 2012년까지 하는 동안, 매 4~5월과 10월~11월 즈음엔 늘 문제가 동시다발적으로 발생했더랬다.

엄청난 뽁뽁이를 기반으로 돌돌돌- 카메라를 말아 발송을 늘 해왔는데, 그즈음엔 꼭 한두 건씩 카메라가 깨지는 문제가 생겼다. 2~3롤 테스팅을 완료 후에 판매를 했었는데, 꼭 카메라 성능에 문제가 있다는 연락이 오곤 했다.

카메라의 단가가 조금 비싸다 보니 한번 그렇게 문제가 발생하고 나면 나같이 작은 업체의 경우에는 정말 타격이 컸다. 자금도 많이 준비된 상태가 아니었기 때문에 더더욱 그랬다. 그리고 온라인 숍을 이용하다 보니 결제 대금이 2~3주 후에 입금되는 것이 일반적인 주기이다 보니 자금난이 종종 발생했다.

마침 충무로엔 3,500원 콩나물비빔밥을 파는 호프 겸 식당이 있어 최소 교통비를 제외하고 지출을 극대화로 줄였다. 물론 친구들도 거의 만나지 않았다.

그런 자금난이 오기 전에, 친한 동생의 소개로 상상마당에서 하는 '마가진가쎄'라는 수업을 듣게 되었다. 회사를 그만둔 입장에서 적은 비용은 아니었지만, 그동안 촬영했던 필름 사진들을 바탕으로 사진집을 만들어보고 싶었는데, 때마침 그런 강좌를 알게 되고 이 기회에 책을 한번 만들어볼까 하는 마음으로 들었다.

신청을 하고 그렇게 상상마당의 웹사이트를 보니 강사 이름이 '피터 싱클레어'였다. 외국인인가 궁금해서 그 소개해 준 동생에게 물어봤다. 한국 사람이라고 했다. 안도했다.

두 근 반 세 근 반의 마음으로 상상마당을 향해 강의실로 갔다. 수강생들이 하나둘 하나둘 들어온다. 모두 여자다. 그리고 남자는 나 말고 한 명 더 들어왔다. 그래서 스무 명에서 스물두 명 정도의 인원 중에 남자는 선생님 포함해서 셋이었다.

뭔가 잘못되었다.
뭔가 위축된다.

첫 번째 사진집

그렇게 8주간의 '마가진가쎄'는 시작되었다. 첫 시간에 각자가 좋아하는 잡지를 들고 오라고 하셔서 나는 '보그걸'을 들고 갔다. 보그걸을 좋아해서 들고 간 건 아니고...... 정말... 아니고....... 예전에 내가 찍은 사진이 보그걸에 나온 적이 있어서, 그리고 집에 있는 잡지가 그 보그걸뿐이었기에 보그걸을 들고 갔다.

외국인으로 추측했던 피터 싱클레어는 수강생 이름과 좋아하는 잡지를 보드에 한 명 한 명

기재하는데, 내 이름 옆에 보그걸이라....... 뭔가 쑥스러웠다.

그 다른 한 명의 남자는 르몽드 디플~~ 뭐라 뭐라 했다. 첫 느낌부터 쎄- 했다. 그리고 그 남자는 다른 수강생들이 한 마디씩 할 때마다 피식 웃었다. 그냥 개인적으로 별로였다.

'아... 내가 의지할 사람은 선생님뿐이구나.......'

수업에서 기수별로 총무가 선출되었는데, 그때 우리 기수의 총무는 현재 스토리지북앤필름의 월요지기인 만화가 '나미' 씨였다. 그 인연이 지금까지 이어질 줄은 그땐 정말 미처 몰랐다.

여하튼 그렇게 수업은 시작되었고, 책을 만드는 방법을 가르쳐주는 수업은 아니었지만, 지금까지 작업하는 데 큰 도움을 준 수업이었다.

나는 수업을 통해 내가 발행할 사진집의 방향을 잡았다. 그동안 세상에 나온 사진집들은 많았지만, 독립출판물 쪽에서 사진집은 그렇게 많은 편은 아니었기에, 기존에 발행된 사진집들을 보면서 조금 다르게 만들고 싶다는 생각을 했다.

그래서 그동안 필름 카메라를 통해 찍었던 사진들을 하나씩 보면서 주제별로 사진집을 발행해 보면 재미있겠다는 생각을 했다. 그런 생각을 하고 보니 내가 많이 찍었던 사진들이 보였다.

아!
뒷모습!

나의 사진 중엔 유독 뒷모습이 많았다. 그런데 그 사진을 통해 그냥 문득 떠오르는 생각들이 많아지는 사진들이었다. 뒷모습을 주제로 하는 사진집을 발행하자는 결심을 했다. 그래서 뒷모습 사진들을 따로 분류하기 시작했다. 꽤나 오랜 시간이 걸렸던 걸로 기억이 된다. 그렇게 분류하고 나니 거의 천 장 정도가 모였다. 물론 그중에 정말 별로라고 하는 사진들은 제외했었다.

오...
천 장이라니.......

그러나 한 권의 사진집에 넣으려면 그중 90%는 없애야 하는데, 내가 찍은 사진들을 나 스스로 정리하기는 정말 어려운 일이었다. 계속 사진들을 보며 과감히 빼기 시작했다. 그렇게 내 뼈를 깎는 느낌으로 뺐는데도 불구하고 사진집을 만들기 위한 폴더에 사진은 삼백 장이나 남겨져 있었다.

아...
어렵다.......

그래서 '지인 찬스'를 썼다. 마침 디자인스튜디오를 오픈한 동생이 있어서 맡겼다. (그 후 그 디자인스튜디오 이름은 디오브젝트가 된다.) 사진집에 들어갈 사진을 최종 선별하는 과정을 부탁했고, 책의 디자인을 이야기하며 정했다.

애네들 과감하다. 사진을 정말 잘 최종 선별했고, 사진집에 개인적으로 텍스트가 있는 건 싫어했기에, 최소의 텍스트로 사진들이 나눠질 수 있는 목차를 만들어 디자인 초안이 나왔다. 순서도 마음에 들었고 초안에도 아주 흡족했다. 몇 차례 이야기를 하면서 표지는 좀 다르게 해보자며, 포스터로 활용할 수 있게 만들어보자고, 그 디자인을 해준 친구들이 제안했다. 큰 사이즈의 종이에 사진을 인쇄해서 책 사이즈에 맞게 꽂는 형식으로 하자고 말했다. 그리고 실크스크린을 책 표지에 넣는 걸 제안했다.

나 혼자 있었으면 절대 생각하지 못했을 텐데, '역시... 디자인하는 친구들은 다르군...' 하는 생각을 하며, 나의 첫 사진집은 삼백 부 인쇄되어 나오게 되었고, 표지가 될 포스터도 함께 작업실에 놓여 있었다.

이제부터 책 사이즈에 맞게
포스터에 보이지 않게 선을 만들고,
한 사람은 접고,
또 다른 사람은 실크스크린을 입히고,
또 다른 사람은 건조시키고,
또 다른 사람은 책에 꽂고,
또 다른 사람은 비닐 포장하는 과정이
우리에게 남겨졌다.

○　　　　**첫 번째 입고**

　　　　　첫 번째 사진집의 표지를 수작업으로 해야 하다 보니 300부가 인쇄되어 나왔지만, 완성본까지는 시간이 걸릴 수밖에 없었다. 한 번에 300부를 제작하기 힘들어서, 밤마다 모여서 50~70부씩 마무리를 지었다.

　일부 완성이 되고 나면 나는 책방에 입고하기 위해 책방들에 이메일을 보냈다. 그때만 해도 책방이 별로 많지 않았던 터라 입고 메일을 보낼 곳은 많지 않았다. 서울에 두세 곳, 대구에 한 곳,

부산에 두 곳 정도였던 걸로 기억한다.

첫 입고라... 심장이 두근두근한다. 이 책을 과연 책방 주인은 어떻게 볼지 궁금하기도 했고, 행여 내 책이 마음에 안 들어서 입고조차 하지 못하면 어쩌나 그런 심정으로 입고를 하게 되었다.

홍대에서 유명한 '유어마인드'를 향해 갔다. 말로만 듣던 건물 5층에 책방이 있다니....... 때는 가을에서 겨울로 넘어가는 즈음이었던 터라 덥지 않아 다행이라며, 스스로 위안으로 삼았다.

삐거덕 열리는 문을 열고 책방에 들어갔다.
쭈뼛쭈뼛,
책을 가방에서 꺼냈다.

별볼일없는: 저...기... 책을 만들었는데요.
책방 주인: 앗, 보여 주시겠어요?

......

...

..

.

책방 주인: 어떻게 뒷모습만 찍으실 생각을 하셨어요?

별볼일없는: 아, 저는 여행 가면 블라블라블라블라~~

　　　　　(왜 그렇게 부연 설명을 했는지.)

책방 주인: 입고 가능하시고요, 샘플 포함해서 11부 입고해 주세요.

별볼일없는: 아, 감사합니다.

　　　　　(속으론 정말 방방 뛰었더랬다.)

그렇게 첫 입고를 하면서 첫 입고는 직접 얼굴을 뵙고 입고를 하는 게 좋겠다는 생각을 하게 되있다. 재입고의 경우에는 상황이 맞지 않을 수 있지만, 내 책을 맡겨 판매하는 곳에 첫 입고는 꼭 찾아가자고.......

그리고 집에 돌아오면서 떠올려 보니 책방 주

인의 얼굴이 낯이 익었었다. 그러다가 책방 웹사이트를 보니 본명을 보고,
 '뜨아아아앗!'

 내가 아는 사람과 같았다. 그러고 보니 생김새도 비슷했다. 다음에 그 책방에 다시 가면 물어봐야지 하며...

 독립출판에 대해서 하나씩 배워가면서, 내가 운영하는 공간에도 함께 소개하고 판매를 해보면 좋겠다는 생각을 했다. 필름 카메라도 사람들 손에서 점점 멀어지는 녀석이기도 했고, 책이라는 개체도 마찬가지로 사람들 손에서 점점 멀어지는 녀석이다 보니 둘이 매치해서 한 공간에 소개하고 판매하면 괜찮겠다, 그리고 서울을 비롯해 전국에 독립출판물을 전문으로 하는 서점도 별로 없었으니, 홍대가 아닌 곳에서도 책을 만날 수 있는 공간을 만들어보는 거, 괜찮겠다.

그래서 첫 사진집을 발행하면서 독립출판 서점도 하나씩 하나씩 준비하기 시작했다. 그동안 구입했던 독립출판물들의 뒤편에 기재되어 있는 연락처와 SNS 계정들을 통해 입고 문의 연락을 하기 시작했다. 연락드렸던 제작자들은 감사하게도 책을 선뜻 입고해 주기로 했고, 속속들이 도착하는 책들로 충무로의 공간은 책방의 모습으로 변하기 시작했다.

O   **재입고!**

두근거리는 마음으로 유어마인드에 입고를 하고 나서, 남은 250부의 표지 작업을 이틀에 하루꼴로 디오브젝트의 작업실에서 실크를 입히는 과정을 계속했다.

일주일이 지났을까. 유어마인드로부터 메일을 받았다. 그 내용은, 첫 번째 사진집의 '재입고' 요청이었다.

정말이지 그 순간은 묘했다. 내가 모르는 어

떤 누군가가 내 책을 샀단 말인가. 이런 자애로운 사람들이 있단 말인가. 300부를 발행해, 지인들에게 예약판매를 해서 아는 분들께는 '지인 할증'으로 140부를 판매했지만, 전혀 모르는 사람들로부터 10권이 판매되었다는 사실이 믿기 어려웠다. 그것도 무려 일주일 만에!

으아아...
몸속에 에너지가 치솟았다.
으하하하...

여하튼 그 메일을 받고 표지가 완성된 사진집을 들고 찾아갔다. 재입고는 무려 20부였다. 다소 무거웠지만 난 괜찮았다. 몸이 날아갈 것처럼 기분이 좋았으니까. 험난한 오 층의 계단을 올라갔다. 어떤 사람들이 내 사진들을, 내 책을 만나게 될까 하는 그런 들뜬 마음으로. 무겁지만 난 괜찮았다.

유어마인드의 친절한 책방 주인 이로 씨가 날 맞이했다.

이로 님: 오셨어요.
별볼일없는: 오, 이렇게 판매될 줄 몰랐어요.
(책을 주섬주섬 가방에서 꺼냈다.)
별볼일없는: 혹시 저 보신 적 없으세요?
이로 님: 제가 사람 얼굴을 잘 못 알아봐서요, 기억이 안 나는데...
별볼일없는: 혹시 구룡 초등학교 졸업하지 않으셨어요?
이로 님: 앗, 그걸 어떻게...

그렇게 나는 초등학교 시절 서로 친했다는 사실을 강조했다. 살고 있던 아파트 이름까지 말하며, 놀러 갔었다고 말을 하며, 누구누구랑 친했고, 선생님은 누구였다는 걸 말하며....... 그러나 이로 님에게는 살던 아파트 외에 기억이 남아 있지 않았다.

으하하하하하…

 그렇게 뜻깊은 재입고를 성공적으로 마치며 나가려던 참에, 이로 님이 '언리미티드 에디션'이 곧 있을 예정이니 관심 있으면 참여해보라고 이야기해 주셨다.

 집으로 돌아와서 '언리미티드 에디션'을 검색해서 찾아봤다. 어떤 행사인지, 어떻게 진행되는지. 아트북페어라… 그 이전의 언리미티드 에디션의 사진들을 보면서 뭔가 굉장히 재미있어 보였다. 책을 기반으로 한 페어에, 나도 한번 참여해 보면 재미있겠다는 생각을 했다. 그리고 책방의 모습으로 갖추기 위해서 많은 제작자들을 만날 수 있는 기회가 될 것 같았다. 그렇게 '언리미티드 에디션'의 존재를 알게 되고 만든 책은 한 권밖에 없었지만, 신청서를 작성하여 제출했다.

그 후, 운이 좋게도 2012년 언리미티드 에디션에 참여가 확정되었다. 걱정은 그때부터 들기 시작했다. 배치표를 보니 나는 초입을 조금 지나 둥근 기둥에 테이블이 놓이는 자리에 배치를 받았다. 옆 테이블은 그동안 친하게 지냈던 '그린마인드'였고, 그때 그린마인드는 이미 다섯 권의 책을 발행한 팀이었다. 내가 발행한 책은 한 권인데, 뭔가 나의 테이블이 허전하지 않을까, 그냥 쭈구리처럼 한 종의 책만 딱- 올려놔야 하나. 그리고 내 사진집에 사람들이 관심을 가져줄까.

그때 디오브젝트에서 표지의 실크스크린을 다른 색상으로 하면 한 종류이지만 좀 다양해 보이지 않겠냐며 제안을 했다. 표지 작업이 완성된 상태는 아니어서 그렇게 색상을 다양하게 하면 좋겠다라는 생각이 들었다. 디오브젝트가 좀 수고스러웠겠지만, 선뜻 제안해 주어서 주황색, 청록색, 군청색 그리고 믹스 컬러로 4가지 타입을 만들게 되었다. 당시 디오브젝트도 언리미티드에디션 참가로 많이 바빴을 텐데, 정말 고마웠다. 그리고 테이블을 조금이나마 다양하게 하고 싶어서 4종의 카메라 모델을 바탕으로 무지 노트도 제작했다. 그렇게 모아보니 테이블에 올려도 그럭저럭 채울 수 있겠다는 생각이 들었다.

그렇게 네 번째 언리미티드 에디션의 날이 다가왔다.

내 성격의 문제일 수 있겠지만, 나는 미리미리 하는 성격이기도 했고, 무대륙에는 처음 가는 것이라 헤맬 것을 어느 정도 고려했다. 12시 반부터 준비 시작이었는데, 12시쯤 도착해 테이블에 책을 올려놓기 시작했다. 마침 모르는 다른 팀들도 하나씩 하나씩 세팅을 하고 있어서 뭔가 마음이 조금은 편안했다. 자리는 좋았다. 둥근 기둥 앞에 있는 테이블이다 보니 앞에 자리가 좀 여유가 있었고, 옆 공간도 비교적 넓은 편이어서 만족했다.

    페어는 2시부터인데 12시 반이 지나고 1시가 지나도 그린마인드는 오지 않았다. 대부분의 자리는 채워져 가는데 옆자리는 비어 있었다. 페어가 시작되기 15분 전에 이들이 왔다. (그로부터 5회, 6회도 그린마인드는 내 옆자리였는데, 페어 바로 직전에 왔다. 어휴~)

    그렇게 시작된 언리미티드 에디션은 정말 새로운 경험이었다. 물밀듯이 사람들이 들어오기 시작했고 그 사람들이 내 사진집을 보며 이런저런 질문들을 던져주었다. 간혹 예전에 필름 카메라를 구입한 적이 있었다며, 인사를 건네준 분들도 계셨고, 사진집에 대한 설명을 하면 굉장히 좋아해 주셨다. 아마도 표지를 포스터로 쓸 수 있다는 점과 실크스크린으로 수작업했다는 점을 좋아해 주신 것 같다. 아니면, 내 사진이 기똥차게... 좋아서... 쩝.

결제는 중앙에서 하는 방식이었는데, 결제 줄이 무대륙의 중간에 위치한 내 자리까지 이어졌다. 아마 시간은 오후 4시쯤, 행사 진행 후 두 시간이 채 안 된 시간이었다. 실로 놀라웠다. 우리나라에서 아트북, 독립출판물에 관심 있는 사람들이 이렇게 많다는 걸 처음으로 느낀 자리였다. 그리고 찾아오는 사람들이 굉장한 멋쟁이들이 많다는 점도 새로웠다. 우리나라에 이렇게 멋쟁이들이 많단 말이야, 새삼 놀라며...

고등학교 동창들과 만나서 독립출판 이야기를 하면 '그걸 돈 주고 사?' 이렇게 물어보기 일쑤였고, 직장동료들은 전혀 이해하지 않는 사람들이 대부분이었기에 일부 동료들 아니면 이야기를 할 수 없는 주제였다. '프라이탁'이라는 가방과 독립출판이 비슷하거나 같다고 볼 순 없지만, 어떤 직장 동료는 내가 들고 다녔던 프라이탁 가방을 보고 공짜로 주는 것이냐며 묻기도 하고 돈

주고 산 거라고 하면 혀를 내치며... 타이어 냄새 난다고... 정말 이해할 수 없다는 눈빛으로 나를 바라보곤 했다.

그런 사람들만 보다가, (그렇다고 친구들과 직장동료를 비하하는 건 절대 아님...) 언리미티드 에디션에 오는 사람들을 보니 기분이 좋아졌다. 어찌 보면 다양성에 대해 그동안 우리 사회는 억제되어 있다고 생각했는데, 그 다양성을 이해하고 손으로 만든 것에 대한 가치를 인정해 주는 사람들이 이렇게 많다는 것이 그저 감사했다.

페어 첫날의 8시가 지나갈 즈음엔 공연도 있고, 저녁 시간이 되다 보니 빽빽하게 채웠던 무대륙의 공간에 조금의 틈이 생겼다. 그 기회를 빌려 명함을 도톰하게 들고 다른 부스들을 구경했다. 각기 다른 제작자들마다의 책들이 너무 좋았다. 제작자들에게 일일이 인사를 하며 명함을 건

넬 작정이었지만, 손에 쥐고 있던 명함을 건네주지 못하고 움켜쥐고 있었다. 뭔가 굉장히 쑥스러웠다... 쭈뼛쭈뼛하기만 했다.

처음으로 참여했던 2012년 언리미티드 에디션 첫날, 마무리할 즈음 각 부스에 가서 인사를 하려고 하던 순간 너무 뻘쭘하고 무슨 이야기부터 건네야 할지 엄두가 나지 않았다. 그저 손에 든 명함을 꽉 잡고만 있었다. '그래, 내일도 있으니까 내일 인사드리는 거야' 하며 다시 내 자리로 돌아왔다.

성황리에 첫날이 지났고, 이어지는 일요일은 토요일보다 훨씬 많은 사람들이 왔다. 팔리면 팔릴 때마다 일일이 메모하느라 정신없는 하루를 보냈다. 바를 정 자로 표시를 해대며 책, 노트 그리고 엽서로 나누어 기재했다. 거의 마감쯤이 되었고, 전날 돌리지 못한 명함은 정말 용기를 내어 일부 몇 팀에만 전달하고 말아버렸다.

    시작할 때처럼 다시 조용해진 무대륙에서의 그 이틀은 마치 아주 기분 좋은 꿈을 꾼 것 같은 느낌이었다. 깨고 싶지 않은 그런 기분 좋은... 단순히 판매가 많이 되어 그런 건 아니었던 것 같고, 내가 만든 책을 사람들에게 소개하고 책에 대한 이야기를 나눌 수 있다는 게, 정말 즐겁고 즐겁고 즐겁고 즐거웠다.

○ 새 직장

다시 나는 충무로에서 필름 카메라와 독립출판물을 팔았다. 충무로에서 3,500원의 호프집 백반을 먹으며 지냈지만, (그 식당의 음식 맛은 별로였다.) 온라인 결제에서 대금이 지연되면서 견딜 수 있었던 자금난이 심해졌다. 내가 들인 돈은 한계가 있었던 터라 대금이 빨리 들어와야 다른 좋은 필름 카메라를 데려올 수 있는데, 그렇지 않은 상황으로 이런저런 생각이 많이 들었다.

그런 상황에 전 직장에서 한 팀에 근무했던 한 살 많은 형이 본인이 다니고 있는 회사에 다니면서 주말에만 충무로를 하는 건 어떠냐고 물어봤다. 제안한 그 직장은 전에 일했던 근무 조건보다 많이 좋은 편이었고, 급여도 물론 더 괜찮은 조건이었다. 평일 온라인 주문 건은 퇴근하고 가서 발송하면 되겠구나, 하는 생각이 들었고, 주말엔 내가 하고 싶은 걸 예전처럼 하면 되겠다는 결심을 했다. 하지만 그 기간이 절대 길지 않을 것이고, 6개월에서 1년 안에는 내가 하고 싶은 일만 하겠다는 그런 뜬구름 잡는 생각으로 다시 회사에 들어가게 되었다.

시간이 흐르면 흐를수록 내가 운영하던 충무로의 공간은 필름 카메라보다 독립출판물을 판매하는 책방으로 변하고 있었고, 온라인 주문 건이 있는 날이면 강남에 위치한 직장에서 충무로로 갔다가 강남에 위치한 집으로 다시 돌아오곤 했다.

전 직장에서 알고 지낸 형의 제안 이전에 언리미티드 에디션 전후로 아주 잠시 두 달간 근무한 곳이 있었다. 자금난도 있었고, 1년에 4권의 사진집을 발행하기로 결심했던 터라 책 발행을 위해서 밑천이 좀 필요했다.

9월쯤 취업뽀개기를 비롯해 커리어, 잡코리아, 리크루트 등등의 채용사이트를 매일매일 보았다. 내가 들어갈 만한 곳이 어디 있을까, 금융권은 33세~35세까지 이직은 업무에 따라 비교적 원활한 편이어서 뽑는다고 공고가 올라온 곳들은 넣어볼 작정이었다. 그런데 은행부터 증권업 그리고 저축은행까지 상황이 녹록지 않은 형편이라 채용공고가 나오는 곳은 거의 없었다.

그러던 와중에 어떤 곳에서 채용을 한다는 공

고를 봤다. 그래서 입사지원서를 꼼꼼히 작성하고 제출을 했다. 잠시 잊고 충무로에 있는데 모르는 전화번호로 전화가 왔다.

"여기는 **저축은행 인사팀인데요. 1차 합격되셨고, *월 *일 면접 보러 오세요." 하는 반가운 전화였다.

전화를 받고 '아, 나 아직 쓸 만 하구나' 이런 쓸데없는 생각을 하며 면접일 면접을 보러 갔다. 희한한 건 예전 신입사원 채용 때의 면접은 정말 긴장 많이 해서 엄청 어버버버버버 하고 무슨 이야기를 했는지 기억조차 나지 않았는데, 나름 경력직이라고, 물어보는 거에 그렇게 산으로 가진 않고, 그럭저럭 내 머릿속에 있는 이야기를 풀어냈다. 다행히 그 회사는 나를 좋게 봐줬고, 그렇게 그 회사에 들어가게 되었다.

그곳은 정말 신비로운 곳이었다. 아침과 점심과 저녁을 주고 금융기관에서는 반드시 있어야 하는 팀들이 없고 결재를 받음에 있어서 구멍이 엄청 많았다. 그리고 직원들은 회사에 대한 애사심은 전혀 없었고, 직원들 간의 사이도 서로 뒷담화나 하느라 그리 좋지 않았다.

나에게 주어진 업무는 엑셀로 내부 자료를 만드는 일이었다. 요새 전산으로 그냥 자동으로 나와야 하는 자료들을 엄청난 엑셀 수식을 입력해가며 수기로 자료를 하루 종일 만들었다. 드물게 일 못하는 회사일수록 회의를 많이 하듯 그 회사는 회의가 정말 많았다. 그래서 내가 해야 하는 자료 준비 업무는 꽤 많았다. 하면서 '아 이 회사는 얼마 못 다니겠구나.' 하는 생각을 하며, 정신없는 숫자들의 조합을 이리저리 껴맞추며 지냈다. 그러던 와중에 무슨 단합대회를 한다고 산에 간다고 한다.

'나 정말 오래 다닐 생각 없는데, 왜 하필 이 때 산을 가는 거지?'

내가 다닌 회사들은 산과 일출을 좋아했다. 그 전 직장에선 그렇게 청계산과 운길산을 가고, 신년이 되면 정동진에 가서 술 마시고 다음 날 아침에 일출 보고 그랬는데, 여기는 도봉산을 가고, 신년이 되면 나주로 가서 일출을 본단다... 웬 나주란 말인가...

대치역 부근에서 살고 있었는데, 아침 6시까지 도봉산역으로 오라는 지시로 회사는 달라도 비슷한 패턴의 산행을 했더랬다. '나 인내심이 이 정도 밖에 안되나.' '이렇게 관두면 주변 사람들이 어떻게 생각할까.' 이런 생각을 하며 고민했다. 그곳은 매주 수요일 저녁마다 대출 이자를 납부하지 않는 사람들을 찾아가서 상담하는 게 있었는데, 담당 팀장과 나는 한 팀으로 배치를 받아서 안양으로 가게 되었다. 저녁까지 나오던 터라 팀장이 지하 1층에 있는 샌드위치 집에서 샌드위치와 과일 음료를 2개 주문해서 가지고 오라고 했다. 그래서 포장을 해 안양으로 가게 되었다.

팀장은 구두쇠에 드릅게 일 못 하는 캐릭터였는데, 당연히 안양의 채무자 집은 비어 있었고 주변의 부동산에 갔다. 부동산 아줌마와 정말 쓸데없는 이야기를 해대며 두세 시간 수다를 떨고, 저녁 아홉 시쯤 다시 서울에 가기 위해 차에 타면서, "저 샌드위치, 집에 아들들한테 줄 터이니, 와이프가 오늘 늦게 들어온다고 해서, 강 계장은 집에 가서 밥 먹어." 이런다.

'그 식어 빠진 샌드위치를 아들들은 좋아하겠다.' 속으론 이런 생각을 했더랬다.

그 팀장은 서초동에 살고 있어서, 방배역 방면

으로 가자고 했다. 그래서 방배역에 도착한 순간 "강 계장은 여기서 지하철 타고 가." 이런다. 나한테 회사 차를 넘겨줄 생각이 없었으면, 안양에서 양재 방면으로 와서 날 내려주고 지가 타고 가면 서로 편할걸, 쓰글 놈...

그 외 여러 가지의 사유로 그 회사에서 두 달 간의 급여를 받고 나오게 되었다. 회사가 돌아가는 방식은 다양하구나, 느끼며.......

그렇게 일 년 정도 회사에 다녀야겠다는 결심으로 들어간 회사에서 내게 주어진 일들은, 교회, 어린이집, 병원, 약국 등 특수 대출의 연장 업무, 때론 신규 대출을 맡아서 하는 업무였다. 대출 연장 때도 직접 자서를 받아야 하기에 연장 결재를 맡기 위해 현장에 다녀오고, 결재를 올리고 그 결재가 나면, 주말마다 교회에 가서 대출을 받은 사람과 그 대출에 보증을 선 사람들에게 연장 자서를 받았다. 교회란 조직은 워낙 특수해서, 어떤 곳은 보증인이 무려 30명이 넘어가는 곳도 있었다. 파주, 판교, 남양주 등 신도시에 생긴 교회들이 많아서 동분서주 주말에도 오전 시간을 활용해 다녔다.

그래서 충무로에 있는 시간이 나에겐 너무나도 소중했던 것 같다. 오롯이 나를 위해서 쓸 수 있는 시간이기도 했고, 한적한 동네 분위기가 나를 조금이나마 위로해 주었다. 무엇보다도 자연 채광이 너무 좋아서 마음이 편해짐을 느꼈다.

3층에 위치하다 보니, 손님이 그렇게 많지는 않았다. 충무로역에서 걸어서 3~5분 거리에 위치했음에도 불구하고, 종종 오는 손님들이 계셨고, 와주신 손님들은 책을 정말 많이 구입해 주셨다. 책을 구입하겠다는 각오를 하고 온 분들이 많았던 것 같다.

책방을 운영한다는 건 비교적 바쁘게 돌아가는 것 같다. 최소한 나에게는. 입고 관련된 메일에 대한 회신을 몰아서 보내야 했고, 월 정산으로 운영하고 있어서 틈틈이 판매된 금액들을 제작자들에게 송금을 해야 했고, 온라인도 운영하고 있어서, 입고된 책들을 업데이트도 해야 했고, SNS에도 책방 소식을 비롯한 입고 책들 소식도 알려야 했고, 가끔 제작자들이 오면 담소도 나눠야 했고, 아주 가끔 손님이 오시면 책에 대한 안내도 해야 했다. 그렇게 시간을 보내다 보면, 하루가 정말 금세 지나가버렸다. 일요일 저녁 집으로 돌아가는 지하철은 정말 우울했다. 다시 회사로 월요일부터 생활을 해야 한다는 그런, 그런, 그런, 기분 나쁜 느낌...

독립출판물만 파는 마켓

　　새로 옮긴 회사는 비교적 조직이 작았음에도 불구하고 조직원들 간에 사이는 그다지 좋지 않았다. 그나마 '뭘 하고 싶은지 찾고 있는 동생'을 회사에 불러들여 같이 다녔기에 망정이지, 혼자였다면 여기도 예상보다 짧게 다녔을지도 모를 일이었다. 그렇게 매일매일, 한 주 한 주 비슷한 패턴의 일들을 진행하며 시간은 정말 빨리 지나가버렸다.

　　6년 차 직장인이었지만, 그동안 모아둔 돈들

은 집에서 요청하여 거의 드린 상황이었기에, 책방을 운영하기 위해선 버틸 수 있을 만한 최소한의 자금이 필요했었다. 매일 여덟 시 반까지 출근하는 길, 그리고 언제가 될지 모르던 퇴근하는 길에 '정말 돈만 아니면 얼른 이곳을 뛰쳐나가고 싶다.' 하는 생각들을 되새겼다.

2013년은 그렇게 회사 생활과 내가 하고 싶은 작은 가게 운영을 병행하며 보냈다. 주말에 '소소 시장'이 열리면 가서 제작자들이랑 이야기 나누며, 책도 손님들에게 소개해 가며, 그리고 끝나고 나면 저녁도 소소하게 먹으며.

세종문화회관의 뒤뜰에서 열리는 '세종예술시장 소소'는 2013년에 처음 열린 아트 마켓이었다. 지금도 담당을 하고 계시지만, 기획은 독립출판을 중심으로 된 아트 마켓을 열고 진행하는 것이 목표였기에, 많은 도움이 되진 못했지만, 이래저래 여쭤봐 주시면 말씀드리고, 제작자들을 섭외하는 데 도움이 되고자 했다.

뭔가 반가웠다. 헬로인디북스의 보람 씨와 퍼블리셔스 테이블을 기획한 의도가 제작자들 간 그리고 독자 간의 간격을 줄여보는 것이었는데, 그렇게 큰 곳에서 이런 자리를 한해 내내 꾸준히 마켓을 열어준다는 것이 독립출판 제작자들을 위해서…

2012, 2013년부터 서울 곳곳에 아트 마켓이라는 이름으로 비슷비슷한 마켓들을 많이 생겼지만, 참가비만 받고 흥하지 않은 마켓들이 많아졌고, 책들이 거의 없는 아트 마켓은 독립출판 제작자로서는 기운이 빠지는 곳이었다. 액세서리나 핸드메이드 제품들과 책이 나란히 놓여 있으면, "이거… 파는 거예요? 그냥 가져가는 거예요?" 물어보는 빈도수가 상당히 높기 때문이다.

그리고 판매도 거의 없다. 그냥 힘들 뿐이다...

하지만 세종예술시장 소소는 독립출판 제작자들이 최소 30팀 정도 구성이 되다 보니, 서로 시너지 효과도 있고, 오랜만에 만나 그간 이야기를 할 수 있는 만남의 장이 되었다. 아마도 2013년의 소소는 비가 오는 조건에서도 매회 참여하지 않았나 싶다. 고마운 마음 그리고 지속되었으면 하는 바람으로다가... 소소는 봄에서 여름으로, 가을에서 겨울로 가는 시즌에 열렸고 다행히 올해도 변함없이 열리고 있다.

그렇게 소소를 참여하다가 헬로 보람 씨와 그림을 그리는 카이 킴과 함께 소소한 아트북페어를 열어 보자는 이야기를 나누게 되었다. 취지는 '독립출판물로만 채워진 북 마켓'이었다. 물론 '언리미티드 에디션'이라는 굵직한 아트북페어가 있지만, 거기서 할 수 없을 만한 소소한 즐거움을 찾고자 해보면 좋겠다라는 생각을 했다. 오롯이 독립출판물을 제작하는 제작자들과 함께.

셋이 홍대 어느 2층에 있는 카페에 도란도란 앉아서 이름을 정해보자고 했다. 이런저런 이름을 찾기 시작했다. 영어 단어가 이리저리 나오다가, 이것저것 매치하다가, '퍼블리셔스 테이블'이라는 이름이 딱- 나왔다: 셋이 각자 퍼블리셔스테이블퍼블리셔스테이블퍼블리셔스테이블을 연달아 발음해 보며 이상하지 않나 좀 발음이 어렵지 않나, 하는 고민을 하다가, 페어가 유명해지면 이 고민은 사라질 거라며, 다들 귀찮아하며, 그렇게 이름이 정해졌다.

2008년부터의 기록을 담다 보니, 요새 일어나는 일들을 끄적끄적하고 싶단 생각이 들었다. 난 '헬로인디북스' 책방지기만큼 글솜씨는 없지만 그냥 좀 어디엔가 남기고 싶다는 생각에……

○ **14년 가을,
도쿄아트북페어**

　　　　　2012년에 처음 책을 발행한 뒤 꾸준히 책을 발행하며, 우리나라에서 진행되는 '언리미티드 에디션'과 '퍼블리셔스 테이블', 세종예술시장 '소소'에 참가를 해 보면서, 기회가 된다면 해외에서 열리는 페어에도 참가해 보고 싶다는 생각을 했다. 도쿄에 거주하고 있는 누나 덕분에, 가능하면 도쿄면 정말 좋겠다는.

　12년에 한 권, 13년에 세 권의 책을 만들고, 14년에 워크진을 발행하면서, 마음의 결심을 하고 누나에게 메시지를 보냈다.

"우리 이번에 참가해 볼까?"

그렇게 시작되어 누나는 이것저것 찾아보며 참가 신청서를 준비했고, 다행히 참가 확정이 되었다.

'와, 내가 도쿄아트북페어에 나가게 되다니.'

발행했던 책들을 한 권, 한 권 정리를 하기 시작했고, 포장을 하여 누나에게 일부의 재고를 보냈다. 그리고 더 들고 갈 재고를 트렁크에 넣고 도쿄로 향했다.

도쿄의 9월은 꽤 더웠다.
서울의 늦여름처럼.

페어 전날, 미리 세팅을 하기 위해 페어 장소로 향했다. 300팀이 넘는 팀들이 각자의 자리를 분주하게 준비 중이었다. 자리를 확인해 보니 2층이었고, 벽이 있는 자리 옆은 좋아하는 싱가포르의 '북스액츄얼리'. 그러나 거기는 아무도 준비하고 있지 않았다. 뭔가 더욱 멋진 느낌.

준비한 짐들을 꺼내기 시작했다. 포스터도 벽에 수평 맞춰가며 요래 요래 붙이고, 테이블에도 요렇게 책 놓았다가 저렇게 놓았다가, 아무렇게 놓아도 마음에 들지 않아 결국 아무렇게 놓아버리고 누나와 집으로 향했다.

'내일 어떤 사람들을 만나게 될까?' 이런 기대감을 가지고. 그나저나 배고픈 마음에 집에 가는 길에 편의점에서 군만두와 우동을 사 갔다.

3일 동안 진행된 도쿄아트북페어는 그간 참가했던 페어와 결이 비슷했다. 다만 팀이 제일 많은 규모였고, 환경이 꽤나 쾌적했고, 손님들이 외국인이었다는 것 외에는. 아무래도 일본 손님들이 많았는데, 굉장히 신중한 성향의 분들이 많았다.

첫날 오서서 책을 처음 보시고, 이튿날 오셔서 책을 처음 보는 것처럼 보시고, 마지막 날 오셔서 책을 처음 보는 것처럼 보시고, 그리곤 떠나시는 분들이 많았다. 사진집 중심의 구성이었기에, 인쇄에 대한 질문도 많았고, 어떤 카메라를 쓰냐는 질문들도.

국내 페어 참가 때보다 판매금은 굉장히 적었지만, 인생에 있어서 새로운 경험이었고, 뭔가 또 다른 작업을 할 수 있게 하는 작은 원동력이 되었다.

실은 뉴욕이나 런던 아트북페어에도 참가해 보고 싶은데, 아직은 실현되지 못하고 있다.

○ **밀접한 관계는 되어 있지만
간여하지 않는, 해방촌의 새 공간**

요샌 책방 근처에 새로운 공간을 준비하고 있다.

아주 급작스러운 결정에 따른 급작스러운 실행이다. 정말 나는 문제가 많다. 느긋은 아니지만 조금은 천천히 생각하고 결정해야 할 일을 뜬금없이 결정을 해버리고 실행해버린다. 돌아보면 내 행실은 항상 그래왔다. 큰일이다.

어찌 됐든, 공간은 정해졌고 곧 공간도 꾸며질 예정이다. 오늘은 내부 철거를 했다. 이 공간은 내가 직접 쓰진 않고, 친한 분이 별도의 공간으로 운영될 예정이다. 아마 추후 어떤 분이 들어올지 알게 되면 다소 놀랄지도 모르겠다.

O   **책방들의 책방**

10월 테이크아웃드로잉 한남동에서 책방들의 전시를 기획하고 준비하고 있다. 23~24개의 책방들이 각각 고른 스무 종의 책들을 한 달 동안 전시하고 하루는 책방 운영자들끼리 모이는 날도 잡힐 것 같다. 아직 구체적으로 잡힌 건 없지만, 아마도 그렇게 될 듯싶다.

책방들과 소통을 하는 일은 비교적 재미있다. 회신이 오기까지 꽤나 오랜 시간이 소요되지만 괜찮다. 필요한 자료들은 속속들이 들어오고 있어서, 구체적인 팸플릿이나 행사 관련 포스터는 추석 전 즈음 나올 수 있지 않을까 싶다. 아니 추석 후에 행사 바로 직전에 나올지... 확신은 없다. 실은, 잘 돌아가고 있는지, 잘 준비 되어가고 있는지... 모르겠다...

○   **책방 운영**

입고 메일, 온라인 업데이트, 우편건 포장 및 발송, 엑셀 회계 정리, 정산, 워크숍 관리 등. 이 일련의 과정들이 꽤 주기적으로 돌아간다. 비교적 하루는 빨리 지나가버린다.

그러다가 가끔 기운 빠지게 하는 질문들이 오곤 한다.

"매일 책방 보시면 지루하지 않으세요?"
"아 이런 한가한 가게를 하면 마음은 편하겠

어요."

"먹고살 만하세요? 근데 직업은 뭐예요?"

조금 친밀한 관계에 있는 사람들이 혹 이런 질문들을 하면 그래도 이야기를 나눌 수 있는데, 전혀 모르는 분들이 이런 질문들을 할 때, 기분이 별로인 걸 떠나서 그저 난감하다.

○ **오늘의 기분**

그래도 요새 날씨가 좋아서 그런지 이 험난한 해방촌의 책방에 와주는 분들이 전보다 많아져서 뭔가 굉장히 보람차다.

그렇다...

○　　　　**마켓 후 재진 씨**

　　　어제는 손바닥만 한 크기의 대용량 내용을 가진 <컨셉진>과 인터뷰를 했다. 독립출판을 하면서 그리고 책방을 운영하면서 꽤 많은 매체와 운이 좋게도 인터뷰를 하게 되었다. <컨셉진>의 재진 씨는 비교적 오랫동안 봐왔고, 가끔 이야기를 나눴던 터라 인터뷰 같지 않고 편했다. 포토 실장님도 정말 멋진 분이었고.

　끝나고 나면 내가 무슨 말을 했는지 늘 되새김질을 해보지만, 정확하게 기억이 나질 않는다.

나중에 나온 잡지를 보며 '내가 이런 말을 했었구나.' 하며 애꿎은 머리를 스스로 때릴 때가 한두 번이 아니다.

    대략적인 느낌은,

    이번에도 거세게 한번 머리를 쳐야 할 듯싶다.

이럴 땐 이런 책 #2

아무것도 할 수 있는 warm gray and blue

우울증을 겪은 사람들의 이야기, 그리고 우울증 환자의 주변 사람들에게 닿고 싶은, 닿아야 하는 이야기. 우울증을 노오오력이나 의지의 문제로 여기는 무지의 폭력을 넘어 우리는 아무것도 할 수 있다.

내 방구같은 만화 기묘나

'방구'에는 표준어 '방귀'가 흉내 낼 수 없는 정겨움과 익살스러움이 있다. 그런 느낌을 사랑하는 이들이라면 이 만화를 추천. 여성이 경험하는 일상적인 공포나 자려고 누웠을 때 찾아오는 감정을 표현하는 능력이 발군. 이불 위에서 뒹굴며 뽕뽕거리며 읽어보기를.

셀린 & 엘라; 디어 마이 그래비티 미바, 조쉬 프리기

차별과 혐오가 난무하는 시대, 예쁜 그래픽 노블이 선사하는 묵직한 메시지. 이 책을 추천하는 이유는 작가의 말로 갈음한다. "남들과 다르다는 이유로, 단지 이렇게 태어났다는 이유로, 누군가를 사랑한다는 이유로 세상의 경멸을 외로이 견뎌야 하는 사람들의 이야기를 하고 싶다."

나는 너를 영원히 오해하기로 했다 손민지

아무리 사랑해도 누군가를 이해한다는 것이 과연 가능할까? 어떤 형태로든 우리는 기어이 누군가를 오해할 뿐은 아닐까? 사랑이 끝난 후, 사랑하는 동안의 울퉁불퉁하고 어려운 감정들을 섬세한 언어로 짚어낸 에세이. 아직도 떠올리는 것만으로 아련해지는 사람이 있다면, 고요한 새벽에 펼쳐보길.

○ **리틀 프레스,
6699프레스**

어젠 6699프레스의 재영 씨 수업이 있었다.

뭔가 요새 이유 없이 피곤해서 좀 먼저 들어가고 싶었는데, 칼같이 수업 시간에 맞춰와서 그럴 수가 없었다. 덕분에 <괜찮아>의 명난희 작가님도 뵙고. 3~4주 차의 리틀 프레스는 결석이 조금 있는 편인데 이번에도 곳곳에 빈자리들이 있었다.

다음 기수의 같은 수업 때 꼭들 오시기를...

○ **손으로 만든 책의 공간**

현 책방 인근에 위치한 새로운 공간은 스토리지북앤필름에서 소개되고 판매되는 책 중에 손으로 만든 책들이 전시되고 판매될 예정이다. 물론 지인이 운영하는 책방과 컬래버 형식으로 운영될 예정이다.

어느 정도 해방촌에서 자리 잡고 있다 보니 새로운 공간에 대한 바람이 있었다. 그 새로운 공간은 수작업으로 만든 책만 파는 공간으로 꾸미고 싶은데, 막상 용기는 없었다. 이건 정말... 공간을 유지하기엔 너무 힘들 수 있겠다는 공포감이 들었다. 그렇지만 지인분과 의기투합해서 새로운 공간을 마련할 수 있었고, 운영할 수 있겠다는 생각이 들었다.

갑작스러운 점포 계약 후, 내부 철거공사, 페인트와 전기공사 그리고 바닥까지 마무리되어 간다. 아마 추석 전에 가오픈할 예정이다.

언젠가 해방촌에 맛집들 말고, 책방들이 가득한 책방 타운이 되면 좋겠다는 생각을 했다. 어쩌면 그렇게 되어가고 있는지도 모르겠다. 삐삐네책방, 스토리지북앤필름, 치웇 그리고 새로운 책방까지... 조그마한 언덕을 중심으로 네 개의 책방이 있으니...

오늘 이상하게 유독 졸리웁다.

춘천,
인문학 카페 36.5도

지난 토요일에는 춘천에 위치한 인문학 카페 36.5도에서 진행된 "왜 좋아 독립출판"에 다녀왔다. 혼자였다면 용기도 할 말도 없어서 못 갔겠지만, <헤드에이크>의 지원 씨와 '다시서점' 경현 씨와 함께 불러 주셔서 용기 있게 다녀왔다.

난 여전히 말을 하고 나서도 무슨 말을 했는지 당최 기억이 나질 않는다. 많은 사람들 앞에서 이야기를 잘하는 사람들이 참 부럽다. 여하튼 우리 셋은 마치 소풍 가는 느낌으로 다녀왔다. 뒤에서 하는 즐거운 이야기들을 나누며, 책방은 아영 씨에게 맡기고 춘천 닭갈비도 뜯고… 이런 기회가 또 주어질지는 모르겠지만, 또 있다면 또 가고 싶다.

○ **테이크아웃드로잉과 치읓**

 전국의 23개 책방의 20종 셀렉션이 10월 1일부터 전시될 예정이라, 어제 해방촌 치읓에서 테이크아웃드로잉의 레이나 씨를 만나기로 약속했었다. 그 약속을 하고 쉬고 있던 차에 인규 씨에게 메시지가 왔다. 용역들이 와서 테이크아웃 한 남의 물건들을 들고 가고 있다는...

 서로의 잘잘못을 떠나 법의 심판 앞에 있는 상황에서, 문화대통령은 왜 이리 기다리지를 못하는가... 금요일 집행정지 결정문이 나왔고 공탁금이 입금되면 집행정지가 되는 상황에서, 월요일에 입금하려 했던 차에 그사이를 노려 강제집행을 굳이 해야 했을까.

어제 오전에 앞으로 홍보하게 될 포스터 시안을 보고 혼자 실실대며 기분이 좋았었는데, 걱정된다. 공탁금이 들어가서 집행정지는 실효성 있게 되어 문화대통령이 당분간 강제 집행하진 못하겠지만, 전시에 차질이 없었으면 좋겠다.

여하튼, 포스터는 너무 이쁘다.

○ **첫 번째
퍼블리셔스 테이블**

        2013년 여름, 헬로인디북스의 보람 씨와 카이 킴과 '퍼블리셔스 테이블'이라는 이름을 정하고, 카이 킴이 알고 있던 공간을 보러 갔다. 지하에 위치한 인도시 바였는데, 전반적으로 어두운 느낌인 게 좀 걱정되었다. 주어진 공간 면적은 괜찮다고 생각했다. 두면 비교적 밝을 수 있는 탁상용 조명이 있다는 보람 씨의 말에 모두 "오, 그러면 되겠다." 하며, 바로 공간을 잡았다. 12시부터 7시까지 토요일과 일요일 양일간 사용하는 조건으로.

포스터는 매회 참여하는 제작자가 만들고, 첫 회는 서로가 두려운 감이 있어서 (마켓이 잘 될지 안 될지 모르는 그런 두려움이랄까나...) 일부 섭외를 하고 일부 신청을 받는 방식으로 50~55팀 정도의 규모로 첫 번째 퍼블리셔스 테이블의 모습을 잡았다.

어느덧 포스터는 나와서 주말에 이리저리 붙이며 다녔고, 보람 씨는 럭키 백을 제안하고 준비했다. (럭키 백은 제작자들로부터 책을 한 부 기증을 받고 아주 영세한 곳들로부터 물품을 기증받은 걸로 만든 백이다.) 럭키 백은 퍼블리셔스 테이블에 온 손님들께 오천 원에 파는 방식으로 판매를 했다. 아주 적은 금액의 참가비를 받았기에, 다른 부분으로 수익을 내지 않으면 헬로나 스토리지나 큰일이었다. 보람 씨 꽤나 똑똑한 책방 운영자다. ㅋㅋ

특히 첫 회는 나의 여름휴가 일정과 많이 겹쳤던 터라, 처음 기획할 때만 이야기를 나누고 실제 내가 한 일은 포스터 몇 곳에 붙인 정도라... 늦게나마 더욱 열심히 도와서 아주 성공적인 북마켓을 열어야겠다는 결심을 했다.

온라인을 통해 홍보는 적극적으로 했으나 당시 우리 책방은 지금도 별 볼 일 없지만 그때는 더 별 볼 일 아니 아주 하찮은 책방이었던 터라 온라인 홍보도 험난한 산과 같았다. 흐헉... '이러다가 제작자들끼리만 있다 가는 건 아니겠지' 하는 염려와 걱정을 껴안고 첫 번째 퍼블리셔스 테이블이 시작되었다.

제작자들이 하나둘씩 오기 시작했고 스태프로 도와주기로 한 록셔리와 나미 씨, 주호 씨가 함께 운영해 주었다. (록셔리는 실제, 그냥 앉아서 쉬었다.)

좌상으로 안방 다리를 하는 번거로운 마켓이었음에도 불구하고 비교적 많은 분들이 찾아와 주셨고, 중앙 결제 방식을 했던 터라 추산해 보니 첫 마켓인 걸 감안하면 아주아주 나쁜 케이스는 아니었던 것 같다.

전 직장 부장님도 오셨길래 빨간고래 님 책이랑 사표 사라고 말씀드리고, 전 직장 동생도 와서 이래저래 많이 도와주고...

그렇게 보람 씨와 카이 킴과 의기투합했던 첫 퍼블리셔스 테이블은 웃으며 즐겁고 즐겁고 즐겁고 즐겁게 마무리했다.

그때 변영근이도 만나고 6699 재영씨도 만나고, 그때 첫 책이 나왔던 아카이브 현국도 만나고. 생각해 보면 그때 만났던 사람들과 아직까지도 친하게 지내는 것 같다.

○ **추석으로 상경한 오월의 방과
　　귀향하기 전 들른 태재**

　　25일 추석이라는 대명절을 앞두고 부산으로 내려가기 전 태재와 점심을 먹기로 했다. 이제 이 친구도 알게 된 지 꽤 되어가는 느낌이라, 같이 이야기 나누는 시간이 편안해지는 것 같다. 그 '핫'하다는 해방촌의 햄버거집에 가서 먹고 그 '핫'하다는 해방촌의 '론드리 프로젝트'에 가서 커피를 마셨다.

　　오랜만에 책방에 놀러 와서 그동안 밀린 이야기들도 나누고, 태재의 세 번째 책에 대한 이야기들도 나누고 뭘 그렇게 이야기를 나누기만 하다가 우편물을 발송하기 위해 책방으로 돌아왔다. 아영이와 태재와 또 책방에서 그렇게 이야기를 나누다가 광주의 히로인 '오월의 방'이 왔다.

두 달 만에 광주에서 상경한 그녀는 여전히 편했고 여전히 즐거웠다. 3년 전 마가진가쎄 수업 때 만나서 이렇게 꾸준히 인연이 이어지고, 서로의 안부를 묻고 서로의 소식을 전하고, 뭘 크게 배운 수업은 아닌데, 정말 소중한 사람들을 만나게 해준 마가진가쎄다 하며, 혼자... 손뼉을 쳤다...

○ **오키로 사장님과
　　　　은지 씨**

　　　　　　보통 추석이나 설날 전후로 손님이 좀 있는 편인데, 어젠 도통... 흐엄...

　출근 전에 만든 이북식 녹두전을 들고 와서 탕비실에서 조용히 처묵고... 자동차 세일즈하는 아저씨가 놔두고 간 보리 건빵을 먹고 있는데 오키로 사장님이 은지 씨와 함께 왔다. 오키로 사장님도 오랜만이었고 그의 그녀인 은지 씨도 참 오랜만이었다. 둘 다 워낙 서글서글하고 재미있고 즐거운 사람들이라 함께 이야기하는 게 좋다. 한

번 만나기가 어려워 그렇지 한번 만나면 거의 두 시간에서 네 시간은 이야기하는 것 같다.

지금 생각해 보면 계속 서 있었을 오키로 사장님과 은지 씨께 너무 미안하다.......

난 혼자 앉아 있고... 그 시간을 서서 이야기했을.......

해방촌과 추석

　　　　　해방촌은 서울에서 어르신들이 많이 살고 계신 동네이지만, 이곳으로 온 가족들이 모일 것이라곤 생각을 못 했었다. 그렇지만 명절이 되면 해방촌 곳곳마다 차들이 즐비하게 주차를 한다. 마치 뉴스를 보면 시골의 어느 부모님 댁에 자녀들의 차들이 서 있는 장면 같은…….

　하지만 시골은 한적하기라도 하지,
　해방촌은 인도도 없는데 더 걷기 힘들다…

○ **추석과 이북식 녹두전**

　　　　　추석 혹은 설날에 나는 늘 책방을 열었다. 명절 당일은 손님은 거의 없지만, 늘 해방촌의 어떤 책방의 공간이 열려 있다는 걸 그냥 알리고 싶고, 그래왔기에 그러고 싶었다.

아침엔 이북식 녹두전을 만들었다. 하루 전날 물에 불린 녹두를 갈고 거기에 고사리, 숙주, 돼지고기, 김치 등을 넣어 만든다. 일반 전보다 훨씬 도톰하고 다양한 재료가 들어있어서 한 개만 먹어도 속이 든든해지는 녹두전이다.

늘 집안일을 많이 돕지 못해 불편했는데, 그

래도 아침 출근 전에 녹두전을 다하고 나와서 마음이 한결, 상대적으로 다른 때에 비해 편했다.

○ **이럴 땐 이런 책 #3**

도쿄규림일기 김규림

누군가의 연습장을 그대로 펼친 듯한 기분이 드는 도쿄규림일기. 도쿄 여행 중에 그려낸 그림과 단상, 그리고 당장이라도 올리*영으로 뛰어가 뭐라도 사고 싶은 기분이 들게 하는 영수증 등이 흥겹게 춤을 추고 있다. 책이 춤을 춘다고? 읽어보면 안다. 진짜 춤춘다.

작고 확실한 행복, 카레 노래

여행 에세이 중에서도 도쿄 '카레' 여행 에세이다. 여행 동안 만난 카레들과, 그에 관한 이야기를 읽다 보면 갑자기 내 영혼이 따뜻해지며 카레 향에 물드는 듯한 기분이…! 카레를 먹으며, 혹은 자신의 소울 푸드와 함께 느긋하게 음미해 보았으면 하는 책. 읽다가 책에 카레를 떨어뜨려도 죄책감이 없을 것이다 저자가 그만큼 카레를 사랑하니까.

녹색광선 쥘 베른 / 딴짓의 세상 펴냄

쥘 베른의 로맨틱한 모험 소설, 구하기 어렵고 아름답다. 디자인과 내용 전부. 사랑의 감정에 속지 않게 해주고, 자신과 다른 사람의 마음을 정확하게 읽게 해준다는 전설의 '녹색광선'… 주인공이 아니더라도, 우리 모두 혹할 수밖에. 녹색광선처럼 귀한 책이니 보는 즉시 포획하시라.

Beaches 마이크

해변의 풍경을 필름 카메라로 담은 사진집. 니스, 리스본, 바르셀로나의 해변과 그 분위기가 당신의 책장과 책상에 물처럼 밀려오길. 칵테일 한 잔과 함께 음미하면서 펼쳐보아도 좋고, 홀연히 떠나고 싶을 때면 한 장씩 뜯어서 엽서로 써도 좋다.

○　　　　**계동 무사 책방과 요조
그리고 종수 씨**

　　　　　인스타그램을 보다가 책방 무사가 문을 연다는 걸 보았다. 주인장에게 물어보니 일고여덟 시까지 문이 열려있을 것 같다는 말을 듣고 책방을 마무리하고 북촌으로 넘어갔다.

8월 말에 무사 책방에서 만나기로 해서 아주 작은 선물을 샀었는데, 이런저런 바쁜 일들로 못 만나서 책방 한편에 자리 잡았던 그 선물을 들고 갔다. 중앙고등학교를 정면으로 바라보고 우측 언덕에 위치한 책방 무사는 우리 책방처럼 경사가 제법 있는 곳에 위치했다. 뭐... 해방촌에 비하면... 꼬마 언덕이지만서도.......

요조 씨는 반갑게 인사해 주었고, 그 자그마한 선물을 전달했다. 그간 구입하고 싶었던 <더 멀리>를 모두 구입하고 속이 안 좋았던 종수 씨가 와서 함께 밥을 먹으러 갔다. 북촌의 가게들은 그사이 모두 문을 닫아서 종로 쪽으로 향했다. 지나가다가 노상에 테이블을 막 깔아놓고 불이 켜져 있는 고깃집이 보였다. 의사결정은 신속히 이뤄져 바로 그 고깃집으로 들어갔다.

짧지만은 않은 시간 동안 나눴던 이야기들은 많은 생각들을 나에게 던져주었다. 책방에 관련된 것 외에도 각자가 가지고 있는 짐들을 들으며 여러 가지 생각들을 하게 되었다.

"요조 씨 힘내요."
"종수 씨 힘내요."

○ **해말라야**

해방촌의 겨울은 유독 추운 편이다. 바람도 무척이나 거칠며 기온도 다른 서울 지역에 비해 현저히 낮은 느낌이다. 또 눈은 한번 오면 그 바람과 만나 빙판길을 만든다. 그렇지만, 철저한 용산동2가 주민센터의 관리로 그 빙판길을 빠른 시간 안에 걸어 다니기 안전하게 해주긴 한다.

여하튼, 세 번째 해방촌에서의 겨울을 맞이하기 위해 그리고 전기료를 절약하기 위해 간만에 온라인 쇼핑몰 사이트를 뒤적거렸다. 그동안 사용했던 온풍기는 하루 종일 틀어도 따뜻한 감이 오다가 돌아가버림에도 불구하고 전기료는 10만 원이 훌쩍 넘어버리기 일쑤였다.

그래서 콩밭 커피에서 간만에 쉼을 청하며 콩밭 사장님께 이것저것 여쭤보며 사이트를 살펴보았다. 이건 충분치 않을 것 같고, 저건 지금 가지고 있는 온풍기와 별반 다른 게 없고, 그건 너무 비싸고... 아... 우리 책방 평수엔 지금 쓰고 있는 게 제일 적합하거나 더 큰 걸 두어야 한다는 결론을 얻었다.

이 와중에 콩밭 사장님은 조곤조곤 말했다.
"거긴 뚫려있는 거나 마찬가지잖아요. 뽁뽁이 붙이세요"라며.
'뚫려 있다니...'
'뽁뽁이 붙이면 더 볼품없는 책방이 되는데.'
심오하고 어려운 토론 끝에 여태 사용했던 온풍기와 발밑에서 원적외선으로 따뜻하게 해주는 걸 사용하는 것으로 결정했다. 매해 겨울마다 밥 먹고 나면 발이 추워서 소화가 늘 안 되었었는데, 그나마 작년 겨울에 누나가 선물해 준 녀석 덕분에 잘 버텼기에 올해도 이 온풍기와 원적외선기로 잘 버텨 봐야겠다.

겨울의 잔향이 유독 긴 해방촌에서 세 번째 겨울이라니!

○ **코코넛 레코드**

　　　　　지난 토요일 <결국은 혼잣말>이라는 사진집을 만들었던 미랑 씨가 자처하여 책방을 봐주겠노라 말씀을 해 주셔서 좋다며 냉큼 책방에서 나왔다. 콩밭에서 커피를 마시고 '소소'에 놀러 가야겠다고 하고 콩밭에 갔더니 지난밤 붙여진 메모가 그대로 적혀있고 문이 굳건히 닫혀 있었다. 돌아오는 길에 코코넛레코드 문 열려 있나 봤더니 문이 활짝 열려있었다. 해방촌으로 이사 오라고 막 꼬셔서 꼬임에 넘어갔던 코코넛레코드는 오랜만에 문을 열어도 늘 따뜻한 느낌이다. 해리 씨도 만나고 상덕 씨도 만나 '왜 우리 주변엔 돈 있는 사람이 없는 거지'라는 이야기 했다.

○　　　　**테이크아웃드로잉 책집 전시와
　　　　　그라치아 매거진**

　　　　　　　　10월 1일부터 한남동 테이크아웃드로잉에서 진행되는 전시 이야기를 보고, '그라치아 매거진'에서 인터뷰가 왔다고 해서 월요일 인터뷰를 했다. 실은 월요일에 아무것도 하지 않고 김포공항에 가서 영화 한 편 봐야지 하며, 길을 나섰었는데 테이크아웃드로잉 문자를 보고 깜짝 놀라 한남동을 향해갔다. 가는 길에 '아... 메모까지 했었는데 완전히 까먹다니'란 생각을 하며. 사람의 얼굴도 점점 기억을 못 하고 일정도 기억을 못 하다니... 이런... 젠장... 여튼 에디터보다 조금 일찍 도착해서 문제없이 인터뷰했다. 잡지가 3주 차에 나온다니 그 열흘 사이에 많은 분들이 전시에 오면 좋겠다는 생각을 했다.

○ 아무것도 하지 않겠다는 결심의 유효함

하고 싶은 일을 하면 어찌 보면 철저하지는 않더라도 어느 정도 자기 관리를 잘해야 한다는 걸 느끼고 있다. 무언가를 하더라도 천천히 하나씩 진행해야겠다는 결심을 하고, '하고 싶다'라는 생각이 드는 일도 스스로 자제하며 참고 있다.

그나저나 'Make magazines' 3기랑 <Walk zine> 신간을 발행해야 하는데... 해야 하는 일도 자제하며...

○ **컨셉진 29호**

　　　　매월 발행되는 <컨셉진>. 늘 손바닥만 한 크기에 작은 폰트의 글씨들이 깨알같이 채워진 잡지다. <컨셉진>은 어느 기업이 하는 것처럼 느껴질 만큼 잡지의 생김새나 꼼꼼함이 꽤나 정교하다. 소박한 살림살이의 <컨셉진>은 워크숍이나 이런저런 일들로 종종 만났고 서로의 소박함을 풀어가며 이야기들을 나누곤 했다.

　그러다가 이번 29호 관련해서 인터뷰를 요청했고, 발행인 재진 씨가 와서 그간 이야기들을 나누게 되었다. 정말 나는 운이 좋게도 충무로 때부터 여러 매체들을 통해 내 이야기들을 할 수 있었고, 종이 혹은 전파로 그 목소리가 전달되곤 했다. 그러나 <컨셉진>과의 인터뷰는 정말 말이 인터뷰지 너무 편하고 인터뷰를 한 것 같지 않고 제작자와 이런저런 이야기들을 나눈 것 같았다.

그 이야기를 담은 29호를 받고 뭔가 느낌이 묘했다. 그간 정말 하고 싶었던 이야기들이 비로소 <컨셉진>을 통해 나온 것도 감사하고, 이야기 톤을 전반적으로 잘 잡아주었고, 사진도 정말 편한 모습으로 나온 것 같아 조만간 빨리 밥을 사야겠다는 결심을 했다.

자체적으로 많은 고민과 시련들이 있겠지만, 더욱 힘내서 지금처럼 좋은 잡지를 <컨셉진>이 만들어주었으면 좋겠다. 늘 지속가능성에 대한 고민을 많이 나누지만, 뚜렷한 해결 방법이나 답은 없지만,

그래도...

O **곧 8년,**

2008년 1월부터 필름 카메라를 판매하기 시작해서 3개월 후면 스토리지는 8년을 맞이한다. 아무것도 하지 않겠다는 결심을 했음에도 불구하고, 두 번째 언더그라운드 마켓도 생각했고, 내년에 할 연어전 2016도 생각했고, 북샵인덱스 2016에 대한 생각도 했고, Make magazines 워크숍의 계획도 생각했고.

그러다가, 3개월만 지나면 8주년이라는 생각에 맞닥뜨렸다. 작년에 뭔가 하고 싶어서 기념해

보고 싶어서 책방 천 가방을 처음 만들어봤었는데, 올해는 머릿속이 비어 있는 것처럼 아무 생각도 들지 않는다.

8년의 기록이 담긴 사진집을 만들까?
: 그럼 누가 볼까?

8년의 기록을 담은 에세이 책을 만들까?
: 그럼 누가 읽을까? 그리고 글도 많이 부족하고..

8주년 마켓을 열까?
: 춥고 공간도 없고 아마 사람들도 없을 것 같고.

책방 일을 하고 이런 생각들을 해보는 게 즐거운데, 마땅한 방법이 안 나타나면 좀 답답함을 느낀다.

○ **마이크,
마 사장**

처음 페이스북에 가입할 때는 토론토에 어학 연수를 다녀오고 났을 때였다. 어느덧 8년 혹은 9년 전의 일이 되어버렸다. (울고 싶다.) 여하튼 이름을 기입해야 하는데, 당시 친하게 지냈던 외국의 친구들과 연락하기 위해 그간 사용했던 영문 이름을 넣었다.

'마이크 강'

그렇게 시작된 나의 '마 씨' 논쟁.

외국에서 살다 온 재미교포라는 둥, 오랫동안 유학 생활을 한 유학생이라는 둥. 영어는 아주 기초적인 의사소통만 하는 정도인데, 이런 난감한 때가...

그래도 은행에서 근무할 때는 간간이 외국인 손님이 오시면 '우쥬~' 이렇게, 그다지 자연스럽게는 아니지만 그렇게 말을 건네긴 했었는데. 책방을 운영하면서 도통 영어를 쓸 기회는 별로 없어서 차마 영문 이름을 사용하기도 쑥스러운 지경에 이르렀는데... 어느 사이에 나의 실명보다 '마이크'리는 이름이 친숙해졌고, 그냥 양심을 몰수한 채 사용하고 있다.

그러다 보니 친한 제작자들은 나를 '마 사장'이라 자연스럽게 부르게 되었고, 사장이라는 단어에 굉장히 거부감이 있는데, '마 사장'이라는 말은 그냥 사장을 부르는 것 같지 않은 그런 느낌... 강 사장은 정말 사장 같은데, 마 사장은 정말 사장 같지 않은 그런... 그렇다 보니 잘 모르는 분들은 나를 '마'씨로 아는 분들도 있을 수도 있을지 모르겠다. 간혹 여쭤보시는 분들도 있었으니.

○ **또다시,
언리미티드 에디션!**

드디어 내일모레면 '언리미티드 에디션'이 시작된다. 이틀 동안의 짧은 시간 동안의 북페어이지만, 그 이틀 동안의 기억이 늘 좋았다. 어쩌면 그 기억이 늘 내 기억에 좋게 남아서 그 기억으로 책을 만들고 책방을 운영하고 있다는 생각도 가끔 하게 만드는 일 년 중의 소중한 이벤트이다. 그만큼 나에게는 좋은 기억이 되고 좋은 추억이 되기 때문에, 언리미티드 에디션 전에는 마치 멋진 곳에 여행 가는 걸 기대하는 것처럼 늘 설레고 설렌다.

그 기대만큼 걱정도 많은 건 사실이다.
직전의 언리밋 만큼 많은 분들이 오실지,
직전의 언리밋 만큼 분위기가 좋을지,
직전의 언리밋 만큼 많이 판매할 수 있을지.

이번에도 반가운 분들을 많이 만날 수 있는 이틀이 되면, 더할 나위 없이 좋을 것 같다. 물론 책도 많이 판매하고... 으하.......

○ **연관 책방**

오늘 염리동에 있는 여행 책방 '일단 멈춤'으로부터 염리동과 아현동 일대를 다룬 귀염귀염한 지도를 받았다. 문득 받은 순간 우리 책방과 연관 있는 책방이 이렇게 멋진 작업을 하다니 이런 생각을 하다가 우리 책방과 연관 있는 책방이 어디 어디 있지 생각을 하게 되었다.

오로지 친목으로 연결된,
남매책방 '헬로인디북스'
마가진가쎄 동기, '오월의 방'

사진 찍다가 친하게 지낸 동생, '책방 오후다섯시'

초중 동창생, '유어마인드'

배움(?)과 가르침(?)으로 연결된,

'일단멈춤'

'책방이곳'

'프루스트의서재'

'파종모종'

'슬기로운낙타'

'반반북스'

'얄라북스'

아주 좋은 창업 상담으로 연결된, 상담 직후 부동산을 알아보러 뛰어다녔던 '책방 무사'

상담의 은혜를 받고 제작자들에게 입고 메일을 던졌던, '5km 북스토어'

책방 토크 등 여러 가지 일은 같이하면서 친해진, '더폴락명태' '오디너리북샵' '오프투얼론'

'하우위아' '다시서점' 등.

많은 책방 운영자분들과 소소한 인연을 이어가고 있지만, 머릿속에 스쳐 가는 것보다 한번 적어보고 싶었다.

어느 제작자의 말에 의하면, '치킨집 생기는 것만큼 책방들이 많이 생기는 거 아닌가요'라는 우스갯소리를 했었지만 들으면서 그래도 치킨집은 그중에 대박집이 한 곳이라도 있는데... 책방은 누구 하나... 그러네.......

그러네... 그냥 그렇다는 게 결론.

○   **해방촌 이전**

　　2013년 늦가을과 겨울 사이, 독립출판물을 제작하는 AVEC 매거진의 은지 씨와 원희 씨를 그즈음 자주 만났다. 책방에도 자주 왔고, 식사도 하며 이야기도 나누고 그랬더랬다. 그러다가 3층에 있었던 충무로 공간에 대한 이야기가 나오게 되었고, 3층이 채광도 너무 좋고 이용하기에는 적절했지만, 손님들이 찾아오기에는 일 층으로 이전하면 어떨까 하는 이야기를 했다. 일 층은 감당할 수 없는 임대료가 우리를 가로막고 있을 것 같다는 막연한 두려움이 컸지만,

그 두려움은 뒤로한 채 일 층으로 가면 뭐가 좋고 뭐가 좋고 뭐가 좋겠다는 즐거운 이야기들을 나눴다.

서울 지도를 펼치고 어디로 옮기면 좋을지 살펴보기 시작했다. 일 순위는 충무로였지만 대략들은 일 층의 월세는 허무맹랑한 괘씸한 가격대였기에 배제하고, 서울의 옛날 풍경을 가지고 있으면서 우리가 가진 예산안에서 점포를 구할 수 있을 만한 후보 장소를 알아봤다.

이화동: 알아볼 만 하지만, 집이랑 너무 먼 곳
원서동: 너무 좋은데, 생각보다 비싼 곳
원남동: 좋은데, 출퇴근으로 멀기도 하고 생각만큼 싸지 않은 곳

나는 직장생활을 하느라 틈틈이 알아볼 수밖에 없었지만, 그때 시간적 여유가 조금 있었던 은지 씨와 원희 씨가 발품을 팔아 발견한 곳이 현재 위치한 해방촌 언덕 언저리의 책방 자리였다.

핸드폰으로 찍어 보내온 사진을 보면서, 뜨아. 바로 이 자리!!! 무려 3층 충무로 4.5평보다 넓고 임대료도 더욱 저렴해서, 이전하지 않을 이유가 없었던 그런 곳!!!

○ **해방촌**

해방촌의 건물들은 대부분 오래되고 낙후된 건물들이라, 임대계약을 하고 딱 들어선 이 공간은 좀 난감했었다. 바닥에는 빨간색과 초록색의 타일들이 붙여져 있었고 벽에는 벽지들이 덕지덕지 붙여져 있었다.

셋은 카페에 앉아서 가구는 어떻게 할지와 내부를 어떻게 할지에 대한 심도 높은 이야기를 나눴고, 바로 실행에 옮겼다. 바닥의 장판을 벗기기 시작했고, 벽지를 거칠게 벗겨 나갔다. 그러나 장판도 벽지도 최소 다섯 겹 이상 되어있어서 벗기기가 쉽지 않았다.

하물며 유리창에 붙어 있던 구제의 품격 (책방 이전에는 옷 가게였다.) 플라스틱 쪼가리조차 쉽게 뜯기지 않았다. 전기는 공사 아저씨를 불렀고, 가구는 앵네 아버지께 부탁드리고, 벗기고 나니 셋 다 모두 지쳐 페인트는 인근 가게 아저씨를 불렀다. 마침 설 연휴가 있었던 터라 회사를 안 나가고 공사를 마무리했고, 어찌어찌어찌 준비하다 보니 1월 말에 해방촌에서 새롭게 시작할 수 있게 되었다.

○ 직장

　　　　　유치원, 초등학교, 중학교, 고등학교 그리고 대학교에 다니고, 어딘가에 소속이 되어야겠다는 생각을 많이 했다. 대학 졸업하고 취업이 안 되면 뭔가 큰일이 날 것처럼 주변에선 말했다.

　친구들 중에는, 우리나라에서 가장 큰 기업에 들어가겠다고 졸업을 7번 연기하기도 한 친구도 있고, 뭔가 이상한 수법을 써서 가산점에서 점수를 더 따는 방법을 연구하는 친구도 있고, 매일 취업 서류를 정신없이 제출만 하는 녀석들도 있다.

오히려 그런 면에서 나는 주변 친구들보다는 조금은 자유롭게 생각했던 것 같다. 학교에 다니면서도 꾸준히 아르바이트를 했었고, 마침 졸업 전 학기에는 학원에서 강사 일을 하고 있었기에, 취업이 혹시 안 되더라도 당장 먹고살 걱정은 없겠다, 하는 그런 생각.

주변도 주변이지만, 나 나름대로 취업을 하지 않으면 안 된다는 생각을 줄곧 해왔다. 정식으로 어디에 속해 있지 않으면 엄청난 불안감에 휩싸일 것 같은 느낌이 무서웠다. 친구들만큼은 아니지만 틈나는 대로 취업사이트 사람인, 인크루트, 리크루트, 취업뽀개기 등등등등을 보고, 관심 있는 기업들을 중심으로 이력서를 넣었다.

'귀하의 능력은 출중하오나…' 하는 식의 메일들을 숱하게 받으며, '우리 부모님이나 나를 좋아하지, 전혀 모르는 나를 누가 좋아하겠어' 하는 식으로 위안 삼으며 굴하지 않고 이력서를 계속해서 넣었다. 그러던 어느 날 '합격'했다는 메일을 받게 되었고 그렇게 처음 합격한 회사에서 첫 사회생활이라는 걸 시작하게 되었다.

매일 오전 6시에 일어나서 출근한 회사는 매일 저녁 9시에 마무리가 되었고, 매일 자정 가까운 시간까지 술을 마시든 고기를 먹든 아무튼 뭘 먹는, 그런 무의미할 정도로 아무 생각 없는 하루하루가 계속되었다.

세계 경기에 따라 유독 더욱 좌지우지되는 우리나라이기에, 서브프라임이라는 부동산 경기침체에 따라 급작스러운 경기의 불황이 시작되었다. 은행의 금리는 무섭게 오르기 시작했고, 기업들은 정리해고를 가감 없이 진행했다.

그때 나는 어쩌면...

명함에 적혀있는 기업과 나라는 개체에 대해 생각했다. 좋아하는 부장님과 과장님들이 자리를 내놓게 되는 걸 보면서 더욱 그런 생각을 했다. 짧게는 15년 길게는 25년 몸담았던 기업에서 '이제 필요 없으니 나가도 된다' 아니, '나갔으면 좋겠다'라는 기업의 태도를 보면서 나도 언젠가 이렇게 나이 들면 저렇게 될 것 같다, 아니 그렇게 된다, 생각했다. 나는 내가 먼저 결정하고 싶었다.

언제가 될지 모르지만, 현재 소속되어있는 회사를 내가 스스로 정리하겠다. 그렇게 생각으로만 간직하고 있다가 책방이 해방촌으로 이전하면서 내가 정말 좋아하는 일이 무엇인지 정확하게 느꼈고 알게 되었다. 회사에 있는 시간이 너무 무의미하게 느껴졌고, 이 시간이면 책방에서 어떤 걸 하고 어떤 걸 하고 어떤 걸 할 수 있을 텐데, 라는 아쉬움이 커져만 가던 시점에 마지막으로 다녔던 회사에 사표를 제출했다.

　명함에 있는 내 이름이 진짜 이름이 아니라는 것.
　회사와 나라는 개체를 동일시하지 않는 것.
　회사에 다니지 않으면서도 내 삶을 더욱 내 시간으로 지낼 수 있는 방법이 있다는 것.

○　　　　**해방촌 이웃들**

1. 코코넛레코드

해리 씨는 전부터 알고 지내던 분이었다.

해방촌으로 이전한 우리 책방에 어느 날 그녀의 남편과 함께 책방을 방문했다. 남편은 '콧수염 필름즈'의 상덕 씨. 보자마자 해방촌 예찬론을 펼쳤다. 뭐가 좋고, 뭐가 좋고, 뭐가 좋고… 마침 이들은 새로운 거주 공간을 찾고 있었던 터라 신나서 해방촌에 대한 부정 없는 긍정만 설명했다.

"와, 우리도 해방촌 오면 좋겠다" 하는 이야

기를 해리 씨와 상덕 씨가 나누었다. 며칠 후 출근길에 앞에는 점포이고 뒤편에는 집이 있는 공간에 '임대' 메모를 보고 바로 해리 씨에게 안내를 했다. 마침 집은 리모델링으로 깨끗한 상태였고, 점포도 있었으면 했던 터라 그들에게는 아주 적당해 보였다. 그렇게 그들은 이 해방촌에 오게 되었다.

그때 해리 씨와 상덕 씨를 만나서 해방촌 이웃이 되고 지금까지 그때 연락하길 정말 잘했다는 생각을 종종 한다. 두 분 다 자주 보진 못하지만 힌동네에 있다는 거 자체만으로도 큰 힘이 되고 너무 좋은 사람들이 주변에 있어서 그냥 좋은 것. 그 사람들 자체만으로도 그냥 감사한 것...

2. 콩밭커피로스터

해방촌에 이사하고 유일하게 처음으로 알게

되고 반한 곳이다. 커피를 비롯해 차, 위스키 등 등 모든 메뉴가 정말 맛있기도 하지만 운영하는 아낙네가 참 좋다. 이야기를 나누다 보면 배울 점도 너무 많고 얌전히 나에게 할 말 다 하는 그런 점도 멋있다.

콩밭 아낙네: 책방은 오르막길에 있어서 뭘 해도 안될 자리에요.
나: 해방촌에 누가 누가 온대요, 누가 누가 건물 샀대요.
콩밭 아낙네: 책방은... 걱정 안 하셔도... 되실 거예요.
나: 겨울맞이로 온풍기를 알아볼까 하는데
콩밭 아낙네: 거기 뻥뻥 뚫려 있잖아요. 뽁뽁이 붙이세요. 유리창에.

○　　　　**성장시킨 사람들**

 돌이켜보면 해방촌으로 와서 스스로 많이 성장한 것 같다는 느낌을 받는다. 정말 생각지도 못했던 사람들을 보면서 말이다.

1. 온풍기를 정수기라 믿었던 어느 손님

 해가 저물고 곧 있으면 책방을 마무리할 시간쯤, 어느 아주머니가 책방 문을 열고 들어오더니,

 아주머니: 물 있으면 물 좀 줘.

아주머니의 시선이 이상했고, 대뜸 물을 말씀하셔서 순간 조금 이상한 분인가 하는 마음에,

마이크: 저, 물이 없는데 죄송해요.
아주머니: (온풍기를 가리키며) 저거 정수기 아니야?
마이크: 저거 온풍기예요.

그러고는 같은 자리에서 360도를 돌아보며, 다시 나에게 여쭤보셨다.

아주머니: 물 있으면 물 좀 줘.

20초 사이에 똑같은 질문을 하셨다.

마이크: 저, 물이 없어요. 죄송해요.

다시 온풍기를 가리키며,

아주머니: 저거 정수기 아니야?
마이크: 저거 정말 온풍기예요. 바람 나와요...

그리고 나선 캔들을 잡으며 이건 뭐인지, 가격은 얼마인지, 가격이 비싸다는, 책방 월세는 얼마냐, 라는 말씀을 던지시더니 홀연히 책방에서 나가셨다. 비슷한 시간에 몇 차례 방문을 하시곤, (정말...티는 내지 않았지만, 무섭기도 했고 안 오셨으면 했다.)

마지막 방문 때는 책방을 열더니 순대를 놓으며 순대 먹으라며 놓고 가셨다. 해방촌 오거리 인근엔 순대 가게가 없는데. 돌연 순대를 놔두고 간 것이 찜찜해 먹지는 않고 버렸다. 물론 좋은 의도였을 수도 있었겠지만, 께름칙했다. 버리는 순간, 혹시 다음날 오셔서 내 순대 달라고 하시면 어쩌지, 그런 생각을 했지만, 그 후 오시지는 않았다.

2. 책방 앞 도로에 응아를 남기고 간 사람

해방촌으로 이전하면서 매주 월요일은 쉬었

다. 현재는 매일 문을 열고 있지만, 그때는 그렇게 운영을 했다. 기분 좋게 출근하던 화요일 정오쯤, 책방 앞에는 어떤 물체가 있었다. 뭔가 퍼져있는 그런 느낌의 물체가.......

그 물체는 냄새가 고약했고 내음을 맡자마자 나는 그 물체가 무엇인지 판단했다.

'이건 보통이 아니군, 그런데 어떻게 이렇게 차가 다니는 곳에 이런 일을...'

정말 기분이 보통 나빠지는 게 아니었다. 책방에 문을 열자 그 내음은 언제부터 그랬는지 모르겠지만, 책방에도 내음이 전해져 오고 있었다. 은은하게도.......

그래서 책방 오픈할 때 구입했던 호스를 연결해서 물로 시원하게 그 물체를 씻어 내려보냈다. 책방이 그나마 언덕에 있어서 다행이지... 그렇지만, 여름이었던 터라 그로 인해 나타났던 똥파리들이 책방 인근에 계속 머물렀다. 선물로 받은 향초를 이리저리 키워 내음을 내보내기 급급했었다.

지금도 생각해 보면 어떻게 그 길에서 그런 당찬 행동을 했을까? 신기하다. 마을버스도 다니고, 차도 꽤 빈번하게 다니는 그 도로에... 아직까지도 종종 인근에 있는 콩밭 커피 사장님이 놀린다.

"전 책방보다 여기 온 지 오래되었어도, 그런 일은 없었는데."

O **바캉스**

2012년부터 독립출판물을 만들면서, 그동안 사진집을 중심으로 발행을 했다. 주제별 사진집 4권, 워크진 22권 그리고 북샵인덱스까지.

언더그라운드마켓은 우리 책방에서 진행하는 독립출판물 북 페어인데, 참여팀들의 신간이 많지 않은 상황이기도 했고, 다가오는 8주년을 맞이해서 뭔가 책을 만들어야겠다는 생각도 했었다. 그래서 그동안 블로그에 아주 짤막하게 썼던 푸념과 기억들을 더듬어 기록했던 것을 책으로 만들어보자는 결심을 하기에 이르렀다.

사진집과 다르게 텍스트로 채워지는 책은 맞춤법, 자간, 줄 간격 등 이것저것 신경 써야 할 것들이 있어서, <안녕, 둔촌주공아파트>를 만든 인규 씨에게 부탁했다. 편집부터 디자인 그리고 인쇄까지. 그렇게 맡기고 가제본을 보고 마켓 전날 무사히 인쇄된 바캉스를 만나게 되었다.

가끔 블로그에 감사한 댓글을 보며 '오... 어떤 누군가가 이런 보잘것없는 이야기를 읽어주셨다니' 하는 생각들을 하곤 했었는데, 이건 책으로 발행되는 거라 더욱 긴장되고 긴장된 느낌이었다. 그리고 그간 만들었던 사진집과는 다르게 에세이는 나라는 인간에 대해 조금 더 구체적으로 설명하는 것 같아서, 책을 소개하는 것 자체도 쑥스럽고 누군가에게 읽힐 것이 막연하게 두려운 감도 있었다.

우려가 현실로 이어지며, <바캉스>라는 책은 세상에 나온 지 3주가 되었다. 언더그라운드마켓을 시작으로, 전국에 위치한 독립출판 서점 열두 곳에 입고도 했다. 별 볼 일 없는 그리고 쓸게 없어서 만들어진 <바캉스>는 아주 감사하게도 생각보다 많은 분들이 봐주시고 읽어주신 피드백을 보며 사진집과는 다른 감사한 느낌을 받게 되는 것 같다.

나의 상황을 조금 더 이해해 주는 것 같고,
나의 이야기를 공감해 주시는 것 같고,

그래서 무척이나 감사하다. 모두에게.

◯　　　**무서운 얼굴**

　　　　　인생을 그리 오래 산 편은 아니지만, 늘 그런 이야기는 많이 들었다.

"인상이 좋으시네요."

　길거리에서 흔히 건네는 인사가 아니더라도, 처음 만난 분이라든지, 손님들이라든지, 혹은 친해진 친구와 첫인상이 어땠냐는 그런 질문에도 그런 말을 늘 많이 들었다. 못생겼다는 인사를 받는 사람은 없겠지, 하며 인상이 좋다는 인사는 언제나 반가웠다.

작년 말에 처음으로 아무 표정을 하지 않으면 무섭다는 이야기를 듣고 나 혼자 충격을 받았다. 무섭다니 어디가 어떻게 무섭냐고 물어보고 싶지만, 살포시 거울을 바라본다. 이럴 때 네이버 이모티콘을 써주고 싶지만, 참는다.

여하튼, 왜 이렇게 되었을까. 그렇다고 아무 일도 없는데 계속 웃을 순 없는데. 그럼 입에 경련 나는데.

작년부터 눈이 피로해서 자주 웃는 표정을 짓지 못하고 있는 건 느끼고 있었지만, 이제부터라도 입가에 힘을 주며 미소를 살포시 짓는 연습을 해야겠다.

○   **아와 어**

　　　지난 주말에 냉동고 같은 날씨 속에, 다른 책방을 운영하는 분들과 조촐하게 저녁도 먹고 차를 마시면서 이런저런 이야기들을 나누었다.

　　　실제로 나도 잘 못하기는 하지만, '아와 어'를 제대로 말하지 못하는 사람들이 생각보다 많다.

　　　초면임에도 불구하고 궁금증이 있어서 정말 아주 조금만 성의 있게 질문을 던진다면, 받는 사람 입장에서도 질문을 던지는 분의 마음을 이해할 수 있겠지만, 대뜸 그냥 질문을 던지는 편이 거의 대부분이다. 그 질문 내용이 실제로는 상당히 무례할 수도 있어, 듣는 입장에서는 굳이 답하고 싶지 않은 것들이 많다. 질문을 던지는 입장에서는, '궁금하니까'. 상대가 어떤 생각을 하든, 어떤 느낌을 받든지 그런 부분에 대해서는 크게 생각하지 않는 것 같다.

일단 질문자는 '내가 궁금하니까',

"월세 얼마예요?"
"매출 얼마 나와요?"
"책방은 어떻게 열어요?"

그럼 이런 질문을 상대에게 해보고 싶다.

"집은 자가예요? 전세예요? 월세예요?"

"연봉은 얼마예요?"

"지금 하는 일은 어떻게 하게 되셨나요?"

O   **두통**

3월 마지막 주에 진행한 언더그라운드마켓 이후로, 건강이 좀 좋지 않은 것 같다. 두통이 잦고 약을 먹으면 잠시 없어지지만 다시금 또 찾아온다. 그럴 때 굉장히 쓸데없는 생각을 한다.

'내가 혹시나 잘못되면 어떻게 하지…'
'책방은 누구한테 맡기나…'
당분간은 아무런 행사도 일도 만들지 않을 것이다. 이렇게 적어놓으면 안 하겠지 생각하며…

○   상상

몸이 지치다 보니 이런 상상을 한다. 만약 책방 운영이 괜찮아서 책방에 직원 여러 명이 생긴다면 어떨까? 온라인 담당, 해방촌 책방 담당, 워크숍 및 회계 담당. 이렇게 세 분야별로 직원이 있다면 어떨까?

어제 인규 씨랑 밥 먹다가 말로 언급한 건 처음이었는데, 꽤 엄한 상상이다.

세 명의 직원들이 업무로 서로 다투거나 싸우면 어떻게 해야 하나, 업무 분할이 잘못되었다며 이야기하면 어떻게 해야 하나.

뭐 이런 쓸데없는 그런 그냥 그런 상상을 했다.

○ **나초, 에딧, 그리고 요조**

　　　　　요조 씨가 뜬금없이 여행을 가버렸다. 파리에서 바르셀로나를 간다는 이야기를 가는 날 들었다.

나초에게 연락을 했다. 친한 친구가 바르셀로나에 가니까 시간이 된다면 안내도 해주고 밥도 맛있는 데서 먹고 하라고. 역시 나초와 에딧은 멋진 친구들이다. 당일 부탁했는데, 흔쾌히 낯선 곳에서 온 나의 친구와 함께 즐거운 시간을 보낸 듯싶다.

사진들을 보면서 아... 나도 슝~ 바르셀로나로 가고 싶단 생각을 했다.

이번에도 단체 카톡방을 보니 나초와 에딧은 늘 늦는 모양이다.

여름 베를린에서도 그렇겠지...
아마도.
오~ 쏘리... 아임 저스트 두잉 카카...
(카카는 스페인어로 응아다.)

○ **기억**

　　　　　드라마 <시그널> 이후 영 재미있는 걸 찾지 못했다. 집이 인천이라 지하철을 타고 다니는 40분의 시간을 드라마나 예능을 보며 견디고 있는데, 재미있거나 흥미가 당기는 게 없었다. 그러다가 이성민이 나온다는 <기억>을 알게 되었고 망설일 틈도 없이 그 드라마를 재생하게 되었다. 즐거울 내용이라고는 눈곱만큼도 없다. 알츠하이머, 학교폭력, 뺑소니 사고 등 전반적인 드라마의 분위기는 어두운 편이지만 이야기를 풀어가는 방식이 참 좋다. 역시 tvN이 드라마는 참 잘 만든다는 감탄을 하며 40분의 시간을 함께해 주고 있다.

    싸랑해요, tvN... 쿨럭

◯ 영화

      영화를 못 본 지 좀 된 것 같다. 내가 쉬는 월요일마다 종종 영화를 보곤 했는데, 상영 시간 동안 전원을 껐던 휴대폰의 전원을 영화를 보고 나서 켜면 문자나 골키퍼 통화, 카톡 등이 두두두두둥-하며 안내를 해줄 때의 느낌이 별로 좋지 않아, 선뜻 영화를 못 보고 있다.

  별 대수롭지 않은 일인데, 왜 그리 신경이 쓰이는지 모르겠다.

○ **휴일을 정말 휴일처럼**

　　　　　해방촌으로 이사 온 지도 벌써 2년 반이 되어가고 있다. 처음에 현재 해방촌 위치로 잡았을 때, 오르막길에는 무엇을 해도 잘 안 되는데, 거기에 책방이라니. 이런 걱정스러운 이야기들을 참 많이 들었다. 그래도 1층에 너무 자리하고 싶었기에 그리 신경 써서 듣지도 않았던 것 같다.

　　한동안은 정말 손님이 별로 없었다. 그리고 그때만 해도 해방촌은 해방촌 입구 쪽 외에는 굉장히 조용한 동네였기 때문에 더욱 그랬을 수도 있었다. 점점 시간이 지날수록 책방에 와 주시는 분들도 늘었고, 책방에 관심을 가지며 취재하고 싶어 하는 곳도 생겼다. 그런 새로운 경험에 감사하며, 어느새 시간이 이렇게 흘러버렸다.

어느새 주말엔 그래도 책방에 찾아와 주시는 분들이 많아졌는데, 오늘은 정말 오랜만에 손님이 없다. 그런데 어쩐지 주말의 이런 고요함이 참 감사하다.

오늘 만 원 팔았다.
앗싸!

○   **안면인식**

책방을 하면서 생각하지 못하게, 직장에서 만났던 사람들보다 훨씬 더 많은 사람들을 만난 것 같다.

처음에는 책을 만드는 분들을 비롯해서, 책방에 방문하시는 손님들, 그리고 동종 책방의 운영자분들, 책방을 취재해 갔던 매거진이나 매체 분들, 워크숍을 수강하셨던 모든 분들을 기억하려고 부단히도 노력했다.

그런데 하루가 지나고 한 달이 지나고 어느새 일 년이 지나고 또 다른 일 년이 지나면서, 정말이지... 한심스럽게도 기억을 잘 못 하는 경우가 종종 발생하고 있다. 현재 워크숍을 듣는 분인데도 과거에 들으셨던 분이라고 착각한 적도 있었으니, 이 일을 어쩐단 말인가... 장애는 아니지만 장애처럼 느껴지며, 간혹 죄책감도 들고 본의 아니게 기분 상하게 한 분들도 계실 것 같아서 자주 마음이 좋지 않다...

너그러운 마음으로, 부디 이 못난 운영자를 이해해 주셨으면... 좋겠다.......

잠이나 자야지...

○   **hbc**

주저리주저리,
그냥 혼자 하는 개인적인 생각들이다.

해방촌에는 꽤 오래전부터 맛있는 집들이 있었다. 햄버거집들을 비롯해 피자집, 혹은 파스타집들. 그런데 해방촌 입구를 중심으로 어느새 굉장히 식당들이 많아졌다. 이에 따라 해방촌 입구는 말도 못 할 정도로 거품이 끼어 버렸다.

흔히들 말하는 젠트리피케이션은 이런 흐름에 있었던 것 같다 사람들은 맛집, 풍경 좋은 맛집, 분위기 좋은 카페를 찾아 이동하다 보니, 그렇게 상권들은 형성되고 이에 권리금이라는 이름이 붙여진 손에 만져보지도 못한 금액들이 사이버상으로 왔다 갔다 한다.

2013년 말에 해방촌으로 이사 와서, 실은 10년은 별일 없을 것 같았다. 시골 같은 동네 분위기에 경사도 가파르고, 도로에 인도도 없어서 경리단 같은 곳처럼 되기에는 참 긴 시간이 걸릴 것이라는 생각을 했었다. 그 예상은 보기 좋게 반대로 돌아가고 있다. 맛집과 카페들이 줄지어 해방촌 입구로부터 올라왔고, 해방촌 오거리를 중점으로 전망이 좋은 곳을 향해 그 맛집과 카페의 연결선은 길어지고 이어지는 것 같다.

운이 좋게도 나는 정말 좋은 주인 할머니 덕

분에 감사히 잘 머물고 있지만, 앞으로 걱정이 되는 건 어쩔 수 없는 일이다. 작은 소품 가게나 이런 작은 책방의 경우에는 그런 흐름이 생기면 자연스럽게 동네를 떠날 수밖에 없다. 사람들은 마시고 먹는 것에는 쉽게 지갑을 열지만 단 한 권의 책 혹은 소품을 구입할 때는 신중에 신중을 기하기 때문에, 책방이나 소품 가게의 경우 상권이 커진 것에 비해 그만큼 매출이 정비례하지는 않기 때문이다. 단지 분위기 좋은 책방에 왔다는 것만 인증할 뿐이다.

　해방촌만큼은 맛집과 카페,
　그리고 책방과 작은 가게들이 상존하는 지역이 되었으면 좋겠다.

○ **어떤 책방으로부터의
    행운의 이메일**

한 달 정도 지난 것 같다. 페이스북 메시지로 온 "안녕하세요". 실은 책방의 모든 연결은 이메일을 기반으로 하고 있어서, SNS 메시지들은 잘 체크하지 못한다. 아마도 나의 역량 부족이겠지만.

하여튼 메시지를 보니 다른 동네에서 시작한 지 오래되지 않은 어떤 책방이었다. 인스타그램을 통해 책방의 이름이나 어디에 있는지 정도는 알고 있었기에, "안녕하세요"부터 연달아 오는 메시지를 보며 가능하시면 이메일로 달라고 말씀드렸다. 그렇게 도착한 이메일은 어느 도서관에 본인의 책방에서 책을 납품하게 되었는데, 독립출판물도 들여놔 달라는 요청을 받고 우리 책방이 생각이 났다며, 독립출판 제작자 리스트 정리한 게 있으면 달라는 내용이었다. 본인 책방의 수익을 위해 여러 루트로 지역 도서관과 연결이 되었다며... 본인이 '직접 찾아도 되지만, 귀찮아서 요청 드리는 건 아니지만' 이런 말투로 말이다.

 단호히 거절을 했고, 다른 책방에도 행여 연락할까 보내시지 않는 편이 좋겠다 말씀드렸다. 기분이 좋진 않았고 메시지로 사과를 했지만 받지는 않았다. 나를 보지도 않았고 알지도 못하면서 어떻게 그런 내용들을 요청할 수 있었을까.

나의 에너지의 근원은 어디인가

매년 그런 것 같다. 힘에 부치면 그제서야 '이제 일을 줄여야겠다', '아무것도 하지 말아야겠다' 생각한다. '독립 출판 연감'이랑 1월 9주년 리미티드 에디션을 만들고 나면, 3월까지는 정말 아무것도 안 하고 싶어 해야 할 텐데.

○ **36개월,
해방촌**

　　　　　서른을 넘기고 서른셋 가을까지만 해도 이태원도 경리단도 그리고 해방촌이라는 동네는 최소한 나에게는 너무나 생소한 동네였다. 용산구는 전자상가에서 CD플레이어를 구입하러 가는 것 외에는 특별히 갈 일도 지나칠 일도 없는 동네였다.

　　우연히도 후암동으로 이사한 친구 덕분에 후암동에 몇 번 왔었고, 그러다가 또 우연한 기회에 지금의 책방 자리를 만나게 되었다. 그렇게 만난 공간에서 벌써 3년이라는 시간을 꽉 채웠다. 36번째 월세를 내었고, 우리 건물 할머니의 인자함 덕분에, 문제없이 같은 공간에서 책방을 운영하고 있다.

   시간이 지날수록 이 해방촌이라는 공간은 많은 것들이 바뀌곤 있지만, 언덕이라는 장애 덕분에 여타 동네보다는 그래도 그 변화의 속도가 조금은 느린 것 같다. 그런 지점에서 빨리 동네가 바뀌길 바라는 사람들도 있겠지만, 난 이 정도의 변화 속도가 오히려 빠르다고 느껴질 뿐이다.

   선천 미용실이 거기에 계속 있었으면 좋겠고,
형제 청과가 그 자리에 계속 있었으면 좋겠고,
사랑의 집이 그 자리에 계속 있었으면 좋겠고,
먹깨비 하우스가 그 자리에 계속 있었으면 좋겠다.

   최근 다른 동네에 갈 일이 자주 있었는데, 가

면 갈수록 내가 있어야 할 곳, 나에게 적합한 곳은 해방촌이라는 걸 더욱 느끼고 있다. 뭔가 사람과 동네 간의 궁합이라도 있는 건지, 가능하면 웬만하면 여기에 계속 머물고 싶다.

◯ 지난밤에

자다가 죽는다,

해도 후회는 없을 것 같다. 이래저래 힘들고 어려운 점들이 있어도 이렇게 선택한 삶을 통해 더 많은 것을 보고, 더 좋은 사람들을 만나고, 더 행복한 경험들을 많이 할 수 있었다. 만약 그냥 그렇게 회사만 다녔다거나 부업으로 책방을 했었다면 이런 즐거움들을 제대로 느끼지 못했을 것 같다. 모두에게 감사의 인사를 전하며 꿈나라로 고고씽- 해야지.

○   **어떻게 할 거야?**

어떤 일이든, 무엇이든 한 가지가 마무리되어 가거나 마무리가 될 때면, 늘 어느 누군가가 "어떻게 할 거야?", "뭐 할 거야?"라는 질문을 던지곤 한다. 나도 마찬가지로 친한 제작자들이나 친구들을 만나면 종종 묻곤 한다. 이 질문을 통해서 서로의 대화를 이끌어 갈 수도 있고, 어쩌면 생각하지도 못했던 일들이 생기기도 한다.

아마 8월 혹은 9월 초에 이뤄질 일도 그런 질문에서 시작했을지도 모르겠다. 무언가의 시작점이 되어 긍정적인 일로 만들어질지도 모르지만, 때로 그 질문은 여러 가지를 생각하게 된다.

'방금 책이 나왔는데, 그다음을 물어보면, 나 또 무언가를 해야 하는 건가.'

'책방을 하고 싶은 마음에 문을 열었는데, 원대한 목표가 무엇이냐고 물어보면 원대한 목표가 있었어야 했나.'

'앞으로의 계획은… 작은 책방을 운영하며, 생각하지 못한 일들이 생기면 해결하고 진행하는데, 계획은… 세워야만 하나.'

전 아무 계획도, 원대한 포부도, 내일도 몰라요.

독립출판물을 만들면서

      2012년부터 독립출판물을 만들면서 책방을 운영하다 보니, 내가 만든 책들도 다른 책방에 입고를 해야만 한다. 우리 책방에서 모든 재고를 소진할 수 있는 능력도 안 되고 다양한 곳들에서 나의 책들이 소개되면 하는 바람도 크기 때문이다.

      올해는 독립출판 인덱스 2016이라는 책을 발행했다. 삼 개월 정도 자료 신청을 받았고, 'The Kooh' 고성배 편집장이 여러 독립책방 사이트를 서치하여 누락된 정보들을 모아 모아 한 권의 책으로 만들게 되었다. 그렇게 해서 2007년부터 2016년까지 만들어진 독립출판물들을 최대한 담게 되었다. 물론 어쩔 수 없이 누락된 경우도 많았겠지만, 나름대로 최선을 다했다고 생각한다.

그렇게 만든 책을 기존에 입고하던 책방에 입고하려고 여기저기 메일을 보냈다. 대부분의 책방들에 다행히도 그리고 그간의 관계로 무사히 입고되었다. 그중에 한 곳을 제외하고는. 2~3년 정도 입고로 교류가 있었던 곳이었는데, 회신의 내용이 잘 팔리지 않을 것 같아 인덱스 입고는 안 받겠다는 것이었다. 추가로 잘 팔리는 워크진은 재고가 있으면 더 보내 달라고 덧붙였다.

그 '잘 팔리지 않을 것 같아'라는 이유의 텍스트를 보고 실은 내 얼굴은 빨갛게 되었다. 나는 그동안 책방을 하면서 입고 거절 사유로 '잘 팔리지 않을 것 같아'라는 생각을 한 적이 없었다. 책방의 성향 그리고 나의 취향을 기본으로 책방을 찾아주시는 손님들의 취향을 고려하여 책들을 반려한 적은 있으나, 그 책이 판매될지 판매되지 않을지를 기준으로 거절한 적은 없다.

독립출판물을 다루고 있는 책방이라면 독립출판 인덱스는 최소한 입고의 의미가 있을 것이라 생각했다. 그간 뭍이라는 독립출판물 기록지가 있었지만, 책의 형태로 꽤 오랜 기간 동안 나온 책들을 처음으로 제작했는데, 단지 팔리지 않을 것 같아서, 라는 이유는 조금, 아니 많이 아쉬웠다. 그곳에 있는 우리 책을 모두 빼려고 했지만, 이미 내가 발행한 책들이 판매가 된 상태여서 회수할 순 없었다. 그간 그 공간에서 소개되고 판매되었다는 사실이 부끄럽다.

책방을 시작하면서 독립출판물을 다루는 책방을 하고 싶다는 분들, 일반 서적을 다루는 작은 책방인데 부분적으로 독립출판물을 책방에서 다루고 싶다는 분들과 이야기를 나누고 싶지 않게 된 건, 독립출판에 관한 관심은 하나도 없는 사람인데 독립출판물을 다루고 싶다는 걸 들을 때였다.

뭔가 많이들 찾으니까,
뭔가 새로우니까,

어떤 것을 누군가에게 소개하고 싶다면, 최소한 그 어떤 것에 대한 관심과 애정이 있어야 하는 건 아닌가 싶은 생각이다. 물론 독립출판 인덱스를 반려한 책방이 관심과 애정이 없다는 이야기는 아니고, 판매 목적이 아닌 다른 의미적인 측면에서 독립출판물을 고려해 주었으면 좋겠다.

한참 전 일인데, 뜬금없이 오늘 밤에 쓰고 싶어졌다.

○ **두 번째 책방을 준비하며,**

성산동에 새로운 책방을 준비해 이번 주 토요일 오픈을 앞두고 있다. 지난 5월 말부터 후암동에 분점을 낼 것처럼 두 달 가까이 힘을 실어 일하다가, 순식간에 엎어진 후암동 일이 있고 나서 다시. 또 순식간에 아무런 정보도 가본 적도 없는 성산동에 두 번째 책방 준비를 착수한 지, 한 달 조금 넘은 이 시점에, 초판서점을 세상에 인사시키게 되었다.

성산동의 책방은 가능하면 편안한 분위기에

서, 책을 보고 구입할 수 있는 방 같은 책방을 생각했다. 그래서 일반건물 3층이면 괜찮다고 생각했다. 그런 지점에서 시작해서 짧은 시간 동안 시간을 더 쪼개어 쓰며 바쁘게 준비를 했다. 물론 함께 공간을 쓸 6699프레스의 재영이가 없었다면 불가능했을 이야기이다.

실은 너무나도 긴장이 된다. 스토리지북앤필름의 이름을 그대로 쓰는 것도 아니고, 사람들에게 익숙하지 않은 해외 서적의 비중이 적은 편은 아니어서 어떻게 보일지, 관심이 있을지도 걱정이 된다. 그리고 편안한 분위기를 위해 3층도 괜찮다 생각했지만, 3층이 괜찮을까 하는 걱정도 염려도 이제야 든다. 마치 꿈을 꾼 것처럼 한 달이라는 시간이 빨리 지나갔다. 그렇게 초판서점도 성산동이라는 동네에 잘 적응했으면 좋겠다.

그나저나 늘 해방촌에서 생활하다가 성산동

에 오니 분위기가 사뭇 달라 열심히 적응해야겠다.

이럴 땐 이런 책 #4

계간홀로 짐송

"넌 왜 연애 안 해?", "연애 좀 해!" 연애 고나리에 지쳤다면, 연애/결혼을 우리 사회의 정상성과 결부시키는 관행에 진절머리가 났다면 외쳐 계!간!홀!로! 주의 : 당신의 미적 감수성을 해칠 수 있습니다.

이것도 책인가요? 짐송

<계간홀로>를 만드는 편집장 '짐송'의 좌충우돌 독립출판 5년 발행기. 모든 것이 수준 미달이어도 얼렁뚱땅 일이 진행되는 사연이 가득하다. 읽다 보면 용기가 샘솟을 것이다. '내가...이것보다는...잘..!!' 약간 속이 터질 수 있으니 까스활명수 구비.

서울, 9개의 선 임소라

서울의 9개 호선 전 역을 전부 겪어보는 책. 모험도 도전도 없지만 이 무의미한 걷기와 머묾이…재밌다? 지하철이 주 이동 수단인 수도권 생활자라면 챙겨 다니면서 도착하는 역마다 찾아보는 재미가 쏠쏠할 것.

달빛 아래 가만히 김종완

작가가 식섭 가내수공업으로 만드는 '헨드메이드' 책. 외투 주머니에도 넣을 수 있는 작은 책에는 일상의 단상들이 달빛처럼 가만히 실려 있다. 언제 어느 때고 펼치면 어느 순간 '나'에게도 스쳐 지나갔던 감정이나 생각들을 만나게 된다.

○ **적게 벌면 행복하기 어렵쥬**

책방을 운영하다 보면, 책을 읽을 수 있는 시간은 정말 거의 없다. 대부분의 예상과는 다르게도...

책방 청소도 해야 하고, 서가도 정리해야 하고, 신규 입고 및 재입고도 확인해야 하고, 온라인 주문도 체크해야 하고, 포장도 해야 하고, 책방에서 책도 팔아야 하고, 입고된 책들도 정리도 해야 하고 (택배사마다 시간이 달라 한 박스 정리하고 나면 다른 한 박스가 온다.) 그리고 중요한 정산 업무 및 회계 업무도 해야 하기 때문에, 하루라는 시간이 너무 빨리 지나가버린다.

그럼에도 불구하고 읽고 싶은 책이 있으면, 없는 시간이라도 만들어서 읽으려고 노력을 한다.

며칠 전 입고된 "적게 벌고 행복할 수 있을까"라는 책. 남매 책방(친남매는 아니지만)이라 부르는 헬로인디북스의 보람 씨의 책.

입고된 다음 날 절반, 그리고 오늘에서야 나머지 절반을 읽었다. 무심한 듯 말로 표현할 수 없을 만큼 착한 보람 씨를 책에서 만났다. 록셔리처럼 막 웃기지 않지만 책을 읽는 내내 공감도 많이 하고, 웃기도 하고, 하물며 눈물을 훔치기도 했다. 슬픈 책이라던 보람 씨의 말이 틀리지 않았다.

운영하는 책방이 연남동에 있는 보람 씨는 스스로 너무 행복해서, 이 책을 만든 느낌을 받았다. '안녕, 둔촌 주공 아파트' 인규 씨에 이어 동네 부심... 흥...

서울의 중심, 세계의 중심은 해방촌입니다!

보람 씨는 한결같이 멋진 책방을 운영하고 있다. 아마도 본인만 그 사실을 모르는 것일 수도... 아니면 알면서도 모르는 척...

○   **곧,
        열 살**

내년 1월이면 스토리지는 열 살이 된다. 망해도 작게 망하자는 일념으로, 10년을 그렇게 그렇게 작게 작게 보내온 것 같다. 필름 카메라에서 어느 사이 독립출판물을 파는 공간으로 탈바꿈하면서, 경험하는 폭이 많이 넓어진 것 같다. 책도 만들어보고, 마켓도 나가고, 다른 책을 만드는 사람들과 알고 친해지고, 워크숍이라는 걸 통해 또 다른 제작자들이 책을 낼 수 있도록 하고.

이렇게 작게,
하루 열심히,
그렇게 보내다 보면,
20년이 지나 있을까?

아무쪼록,
10주년 로고도 9주년 로고처럼
잘 나오면 좋겠다.

O   **꼭 그렇게 말해야 할까?**

강연회에서,

"연세가... 어떻게 되세요?"

9살 차이 나는 동생과의 관계에 대해 어떤 분이 말씀을 건네며,

"그럼... 책방 사장님은 삼촌 같은 존재, 그런 관계겠네요."

워크숍이 끝나고 뒤풀이 시간에 나이를 물

어보고 나이를 답하면 급격하게 놀란 표정으로,

"엇, 저랑 한 살 차이밖에 안 나네요. 전 나이 차이가 많이 나는 줄 알았어요."

2008년 사회 초년생 때 회사 상사분들 혹은 동료분들은 나를 제법 동안으로 본 분들이 많았다. 물론 보는 사람마다 차이나 생각은 다르겠지만, 당시 그렇게 직접적으로 말씀해 주시는 분들이 많았다. 그 말이 듣기에 나쁜 말이 아니라 듣기에 좋은 말이라 그런 말들을 들으면 감사하게 생각했다.

줄곧 나는 타인에게 타인이 들어서 기분 나쁠 이야기는 안 한다고 생각을 하며 말을 하는 편이다. 물론 친한 지인에게 농담을 하는 경우가 있을 수도 있었겠지만... 일반적인 대화를 하는 상황, 잘 모르는 관계들 사이에서는 유독 조심하는 편이다.

특히 얼굴과 나이를 스스로 판단하여 이야기를 할 때는 신중하고 조심스럽게 접근해야 한다고 생각한다. 기본적으로 상대를 대하는 첫 번째 예의일 수 있다. 알지도 못하는 사람들의 나이를 스스로 판단하여 듣는 사람이 어떻게 듣게 될지는 생각하지 않고, 그냥 뱉어버리는 말들을 들으면 듣는 나는 기분이 나쁘다. 그게 나의 이야기가 아니어도 기분은 별로다.

책방을 하며 잘 모르는 사람들과 나이가 몇 살이냐는 이야기를 잘 하진 않지만, 간혹 혹은 종종 그런 불필요한 이야기들을 나누게 될 때가 있다.

서로 듣기에 기분 좋은 말을 하면 어떨까?

상대의 나이가 어려 보이지 않았는데 어린 나이인 경우, "와 정말 좋은 나이네요, 딱 그 나이로 보여요". 상대의 나이가 많아 보였고 실제로 나이가 많은 경우 "와 동안이시네요, 저랑 비슷한 또래인 줄 알았어요". 딱 그 정도, 그렇게만 해도 서로에게 나이를 이야기하고 기분 나빠질 일은 없을 것 같은데.

낯선 사람들과 나이나 얼마 버는지에 대한 이야기들은 가급적이면 피하고 싶다.

○ **어느새 2월,
변영근이 그리고 무명**

올해 상반기도 너무나 빨리 지나가 버렸다. 벌써 7월이 되었고 또 그리고 일주일이 더 지나갔다. 작년에 성산동에 책방을 준비하며, 내년엔 아무 일도 하지 말아야지 다짐을 했건만 상반기를 돌이켜 보면, 2월엔 헬로인디북스에서 퓨마 전시를 변영근이와 함께 준비를 했고, 제주도 무명서점에서의 원데이 워크숍과 책방 무사에서 상담소를 열었다.

지금 와서 하는 말이지만, 퓨마 전시는 급하

게 결정되어 아무것도 주어지지 않은 상태에서 너무나 막막했다. 그간 사진전을 해본 적도 없고, 어떻게 해야 할지 난감한 그런 상황이었다. 백마를 타진 않았지만, 변영근이가 마침 한가해서 그간 전시 공간을 운영해 본 경험을 바탕으로 합판 여러 개를 헬로인디북스 벽에 붙여주고, 요렇게 요렇게 해서 나의 그간의 성격과 적합한 전시 세팅을 해 주었다. 사진도 붙이고 나니 요래 요래 기울기도 맞춰주고... 고마운 변영근이다.

제주도 무명서점에서의 '독립출판 원데이', '독립 책방 원데이' 클래스를 열었다. 이는 우리 책방의 수강생이자 AS 수강생인 미랑 씨의 주선으로 이뤄졌다. 그녀는 서울의 생활을 청산하고 제주에서 '스테이 늘랑'이라는 에어비앤비를 운영하며 매일 신선놀음하는 사람인데, 무명서점 원경 씨와 친해져서 나에게 제안을 해왔다. (참고로 미랑 씨와 원경 씨도 나만큼 판단력(?)과 실행력이 상당히 빠른 재원들이다.)

 "제주도에도 독립출판과 독립 책방에 관심 있는 분들이 많은데, 접할 기회가 별로 없어요." 하는 미랑 씨의 첫 마디에, 이것은 나에게 제주도에 내려오라는 명령 같은 느낌이 들었다. 마침 나도 제주도에 구경 가보고도 싶기도 했었고. 크흑흑.. 실은 후자가 더 커서였다. 제주를 안 가본 지 3~4년 정도 되었던 터라 새로운 곳들을 보고 싶은 생각이 들었다.

 여하튼, 뚝딱뚝딱 결정된 사안에 일정을 잡았고, 김포에서 제주로 가는 비행기를 탔다. 이른 비행기를 타서 약속한 점심시간보다 이른 시각에 도착했다. 그리하여, 제주시에 위치한 '팩토리'에 갔다. 팩토리는 아라리오에서 운영하는 곳인데, 1~2년 전에 서울에 있는 독립 서점들을 제주에 옮긴 것처럼 한 공간에서 여러 책방들의 서가를 보여주고 싶다고 하셨고, 그에 맞춰 책을 보냈던 곳이었다.

오, 넓은 공간에, 프릳츠 커피에.
하지만 난 밀크티를 주문했다.

그리고 2층에 올라가니 확 트인 공간에 여러 책방들의 서가들을 볼 수 있었다. 우리 책방을 비롯한 사이에, 베로니카이펙트, 책방 서로 등이 함께 있는. 시간이 조금 흘렀음에도 불구하고 책 컨디션은 상당히 좋았다. 오랫동안 책들이 사람들과 만나는 지점이 되면 좋겠다는 생각을 했다.

그리곤 약속 장소였던 '바다를 본 돼지'로 향했다. 이름도 참 이쁘다. 돼지들한테는 미안하지만... 마침 식당에 도착했고, 들어가니 한 테이블 정도 있었고 약속한 두 사람은 없었다.

원경 씨에게서 문자가 왔다.

'이제 버스 타고 가요.
15분 정도 걸릴 것 같아요.'

○ **어느새 2월, 제주**

'바다를 본 돼지'에 혼자 앉아 있기 좀 그래서 다시 식당을 나왔다. 정말 그 식당은 이름에 걸맞게 바다 바로 앞에 있는 식당이었다. 혼자 '태풍이 와도 여기 괜찮으려나' 하는 쓸데없는 생각을 하면서 오랜만에 바다를 봤다. 오랜만에 필름 카메라도 꺼내서 찰칵찰칵 말도 안 되는 사진들을 찍고 있으니, 스테이 늘랑의 미랑 씨가 과감한 운전을 하며 등장한다.

"오래 기다리셨죠?"

"아뇨, 사진 찍었어요." (왜 이제야 오는 것이니?)

인사를 나누고 식당에 들어갔다. 제주 전문가답게 미랑 씨가 주문에 들어간다. 그리곤 무명서점의 원경 씨가 나타났다.

"앗, 죄송해요, 멀리서 오셨는데."
"앗, 아닙니다. 너무 좋네요. 제주" (왜 이제야 오는 것이니?)

이렇게 약속되었던 세 명이 만났다. 미랑 씨는 워낙 오랫동안 보고 이야기도 많이 나눴던 분이어서 친근했는데, 무명서점 원경 씨는 자주 못 뵀던 터라 어색할까 걱정을 했다. 실은. 그러나 원경 씨 성격이 너무 좋아서 정말 편한 점심시간이었다.

이런 와중에 나온 회와 전복구이와 흑돼지구이... 바다를 보며 나는 돼지를 먹었다.

미안...해...
고마...워...

너무 맛있쪄...

○ **어느새 2월,
이제 일을 합시다**

거한 점심을 먹고 나니 입에 커피가 당긴다. 때마침, 원경 씨가 커피를 마시러 가자고 한다.

'아 좋아~~'

그리하여 데려간 곳은 다금바리스타, 어쩌면 이름도...... 셋이 도란도란 앉아서 책방 이야기, 제주 이야기, 삶에 대한 이야기들을 나눴다.

원경 씨가,

"제주도 책 공급률은 00%예요."

"엥? 오모오모…"

미랑 씨가,

"놀면서 돈을 버는 거 같아요. 이래도 되나 모르겠어요."

"엥? 오모오모오모…"

커피 한잔과 수제 초콜릿을 먹고, 미랑 씨의 터전 스테이 늘랑을 향했다.

판포는 조용한 곳이었다. 그 조용한 언저리에 위치한 스테이 늘랑. 인스타그램으로 자주 보던 곳이라 딱 그 공간에 들어섰을 때, 익숙함이 묻어났다. 참 미랑 씨답다. 집의 생김새도, 꾸며 놓은 거실도, 방들도… 해맑게 웃으며, 사진을 잘 찍어달라 한다. 안 그래도 이쁜 공간인데……. 스테이 늘랑에서 워크숍 때 필요한 장비, 의자와 과

일과 각종 기계들을 챙겨, 고산에 있는 무명서점으로 향했다.

무명서점.
이름 없는 서점...

처음에 금호동에 위치한 프루스트의 서재와 책방을 바꾸는 프로젝트를 하는 것을 보며, 무명서점을 그때 처음 알았다. 와... 이름을 어떻게 무명으로... 계정에 들어가 보니, 1층에 유명한 빵집인 '유명 제과'가 있었던 것. 꺄오... 이런 기막힌 발상... 그렇게 물에 타듯 흘러본 책방의 사진들은 너무 아늑했다. 그리고 거기에서 소개하는 책들이 너무 멋졌다. 그 공간에 들어서니, 그 사진 속에 있는 그 느낌이었다.

왼쪽엔 존 버거의 책들로 시작해서, 촘촘히 채워진 서가에는 멋있는 책들이 가득했다. '원경 씨 보통 사람이 아니군' 하는 생각을 하며 미랑 씨와 빔 프로젝터를 테스트해 본다. 와중에 원경 씨는 뭘 자꾸 먹으라고 한다.

워크숍까지의 시간은 여유가 있었다. 미랑 씨가 제주에서 제일 좋아하는 공간으로 가보자며 부추긴다. 실은 무명에 있어도 괜찮았지만, 제주에서 제일 좋아하는 공간이라는 말을 반복해서 말씀하셔서 어떤 공간인지 나도 궁금했다. 그렇게 나를 차에 태워 데리고 간 곳은 '유람'이라는 곳이었다.

작지만 이쁜 1층 건물에 사람들이 널브러져 책을 읽고 있다. 어떤 사람은 책을 손에 잡고 잠에 들어 있었다. 이 세상은 무슨 세상인가... 밖에는 비가 추적추적 내리고 있는 상황에서, 마치 꿈에서나 볼 듯한 풍경이 내 눈 앞에 펼쳐진다.

'유람'은 책을 읽으며 차 혹은 커피를 마시며

본인의 시간을 본인만이 보내는 공간이었다. 책과 함께 옆에 사람과 이야기를 나누고 책을 나누는 그런 자연스러운 공간. 왜 미랑 씨가 보여주고 싶었는지 단숨에 이해가 되었다.

손에 잡히는 대로 책을 집고, 내가 편한 자리에 앉았다. 무거운 책보다는 가볍게 읽을 수 있고 기분 좋을 수 있는 '마스다 미리'의 책들로 워크숍까지의 시간을 채웠다. 무한대로 다시 채워주시는 뜨거운 차와 함께. 마음도 몸도 따뜻한 제주다.

'유람'에서 시간을 보내고 워크숍을 하기로 했던 '무명서점'으로 다시 향했다. 도착하니 많은 분께서 이미 자리에 앉아 계셨다. 독립출판과 독립 책방 원데이 워크숍이 인기가 많았다고 하셨었는데, 그걸 체감하는 자리였다.

오... 나 무슨 이야기 해야 하지...

첫날은 '독립출판'에 대한 이야기를 나누는 자리였다. '나에게 의미 있는 작업이라면, 당장 작업을 해 주세요'라며, 말도 안 되는 말들의 향연들과 질의응답으로 두 시간 반이 지나갔다.

원경 씨와 미랑 씨가 배 안 고프냐며 물었다. '이미 점심을 배부르게 먹어서 안 배고프다'고 했지만, 수업 전 그리고 후에도 계속 물어본다. 이런 고마운 사람들...

무명에 가기로 했을 때 북촌에서 제주로 간 무사와 연락을 하다가, "책방 무사에서도 뭐 해야 하는 거 아니야?"라는 무사의 요 사장 말에, "그럼 서울에서 하던 독립출판, 독립 책방 상담소 할까?" 했더니 "어어어~ 하자 하자~"라는 말과 함께 그다음 날 낮 일정이 잡혔었다.

무명과 무사는 서쪽과 동쪽으로 첫날 수업을 끝내고 동쪽을 향해 가야 했다. 원경 씨와 미랑 씨 그리고 책방 무사의 종수 씨, 요 사장이 "제주도 진짜 커요, 진짜 멀어." 하던 말은 사뿐히 무시하며 밤 10시가 넘어 레이를 밟는다.

"내일 또다시 만나요!"
인사를 원경 씨와 미랑 씨와 나누고.

○ **어느새 2월,
무사 무사**

레이를 처음 운전해 봤다. 조금 밟으면 소리가 우우우우우 난다. 이렇게 밟으면 안 되겠지 하며, 발에 힘을 좀 뺀다. 가다가 차가 고장 나면 안 되니까. 그러면 밤새 성산 쪽으로 못 넘어갈 수 있으니까. 천천히 가자, 하며 천천히 갔다. 내비게이션이 알려주는 대로 근 두 시간 만에 서쪽에서 동쪽으로 이동을 했다.

무사의 요 사장님과 종수 씨와 만나기로 한 장소에 슬그머니 나타난다. 너무나 반갑다. 제주로 넘어가고 예전 서울에 머물 때보다 훨씬 덜 만나고 있었던 터였고, 오랜만에 만나서 그 반가움은 두 배쯤 커졌었다.

오늘도 셋이 도란도란 앉았다. 묵혔던 이야기들을 하나씩 하나씩 꺼낸다. 종수 씨는, 필름 카메라를 손님들께 추천했는데, 너무 좋아해 주셔서 본인이 손님보다 더욱 기분이 좋았다는, 책방 무사 공간을 준비하는 과정들 그리고 지금의 이야기들을 했다. 요 사장님은 요새 책들이 더 잘 안 나간다는, 준비하는 신간에 대한 이야기들, 다가올 국제도서전은 어떨까 하는 이야기들을 했다.

자정에 만나 훌쩍 새벽 두 시가 넘은 시간에 무사에서 잡아준 숙소에 들어가며 내일 만나자고 인사를 했다.

다음 날 나는 또 일찍 일어났다. 언제 잠이 들더라도 8시나 늦어도 9시엔 일어난다. 더 자고 싶어서, 피곤해도 꼭 그 시간이면 일어난다. 잠이 많은 사람들은 많아서 고민이라지만, 나는 잠귀가 밝은 게 참 고민이다. 숙면이라는 걸 취해서 자는 동안 세상에 무슨 일이 일어나는지도 모를 만큼 자고만 싶을 때가 많다. 제주에 가서 들뜬 마음이었는지, 그날도 일찍 일어났다.

성산 주변에 있는 길을 걸으며, 스타벅스에서 아메리카노 톨 사이즈를 주문했다. 그걸 손에 쥐고 슬슬 걸었다. 2월이지만 2월의 제주는 서울 3월 같은 기운이 물씬 풍겼다. 선선한 바람이지만 매섭지 않고, 어깨를 움츠리지 않아도 되고 걸음을 조금 편하게 걸을 수 있는.

셋이 다시 만났다. 인근에 위치한 백반집에서 밥을 먹는다. 식당에 대한 칭찬을 종수 씨가 미리 했던 곳이었던 만큼 생선구이부터 제육볶음 모두 참 맛있었다. 함께 나온 아욱된장국까지도. 셋이 다시 책방 무사로 이동했다. 성산에서 그리 멀지 않은 동네 수산리에 위치한 무사는 예전 북촌의 '진미용실' 간판 아래처럼, 제주에서는 '한아름 상회' 간판 아래 있었다. 참 무사는 무사답다. 너무 무사하면 안 되는데…

도착해서 요 사장님은 책을 정리하기 시작했고, 종수 씨는 책방 주변을 정리하며 필름 카메라들을 살펴보기 시작한다. 그때의 공기 그때의 틈이 참 좋았다. 아무것도 하지 않아도 나는 괜찮았다. 그게 참 편안했다. 종수 씨가 정성껏 만들어준 티라미수를 먹고, 내려준 커피를 마시며 또 마스다 미리의 책을 읽었다. 어쩌면, 이분은 천재일지 몰라 하며 웃으며 읽었다.

어느새, '무사 상담소'가 열리는 시간이 되었

다. 두 시부터 시작하기로 했지만 '상담소'인 만큼 사람들이 왔다 갔다 하며 운영되는 것임에도 불구하고, 제주에서 상담소를 여니 워크숍의 느낌으로 전원 두 시에 오셨다. 한 분 빼고.

 여덟 분 정도 모이셨는데, 한 분을 빼고는 모두 독립 책방을 하려는 분들이었다. 게스트 하우스를 하는데 책방을 하고 싶은 분, 건물을 짓고 있는데, 거기에 책방을 하고 싶은 분, 편집숍을 하고 있는데 더불어 책방을 하고 싶은 분... 무사의 공간이 주는 아늑함과, 옹기종기 모여 책방과 책에 관해 이야기를 나누는 장면이 꿈처럼 느껴졌다.

 예상 진행 시간 2시간을 넘겼고, 다시 서쪽 무명서점으로 향해야 하는 나로서는 마음이 조급해졌다. 이야기를 마무리하고 종수 씨와 요 사장님과 무사에서의 마지막 인사를 나누고, 서쪽을 향해 다시 레이에 올라탔다.

붕붕붕-

○ **어느새 2월,
무명 이튿날**

　　　　수산에 위치한 책방 무사에서 급하게 출발했다. 제주는 중간에 한라산이 있어서 그런지, 동쪽과 서쪽, 서쪽과 동쪽으로 오고갈 때, 길을 돌아가야 했다. 언덕이 시작될 때마다, 우리 '레이'는 힘이 든다. 엔진 소리는 커지고, 힘은 달리는 게 느껴진다. 그렇지만 나는 달린다. 내 인생에 지각이란 건 없었으니까.

　가까스로 고산리 '유명 제과' 이 층에 있는 '무명서점'에 다다랐다. 한적한 동네의 느낌이 좋은 곳이다. 그 동네 분위기와 잘 어울린다. 무명서점은.

책방 안에 들어서니 뭔가 분주하다. 무명서점의 직원들은 아니지만, 무명서점을 응원하고 돕는 분들의 손길도, 원경 씨도 의자 세팅부터 테이블 세팅까지 분주하다. 조금 일찍 온 분들은 자리에 앉아 계셨고, 다들 표정은 참 밝아 보였다. 삼삼오오 책을 고르는 분들부터, 무명에서 준비한 차 혹은 커피 그리고 한과를 먹는 분들도 계셨다. 2월임에도 추웠던 공기가 그 공간에서는 3월의 기운 같이 따스했다.

어느새 워크숍 시간은 가까이 왔고, 수강생은 스무 분이 훌쩍 넘었다. 중간에 들어온 분은 서서 듣기도 하셨다.

"책방, 괜찮을까? 나도 해볼까, 책방"이라는

타이틀로 수업을 시작했다. 제주에는 이미 50여 군데 책을 판매하는 곳이 있다고 하는데, 책방 무사 상담소와 무명서점에서 뵌 분들이 거의 서른 분이 넘었다.

'와, 제주도엔 책방에 더욱 관심이 많은가 보다...'

책방 운영자의 하루는 어떻지 여쭤보면서, 말도 안 되는 말들의 향연이 또 시작했다. 보통 화면을 보며 이야기를 나누다가, 구조상 듣는 분들께서 나의 뒤편에 있는 화면을 보셔야 하는 상황이라 어쩐지 느낌이 새로웠다. 다들 진지한 느낌으로 수업을 들으시는 모습이 인상에 깊게 남는다. 뭔가 정말 도움이 되었으면 싶었다. 그럴만한 수업인지는... 그래도 나름 준비했으니 어느 누군가에게는 실질적인 도움이 되었으면...

수업을 마무리하고 미랑 씨와 원경 씨와 '스

테이늘랑'으로 돌아갔다. 아늑한 공간에서 미랑 씨는 떡볶이를 만들고 원경 씨는 준비한 방어회를 세팅했다. 너무 아름다운 풍경이었다. 방어를 실은 거의 먹어본 기억이 없는데, 그 밤에 먹었던 방어는 정말, 말도 안 되게 맛이 있었다.

다시 이야기보따리를 각자 꺼낸다.

미랑 씨:
"자 그럼, 4주 동안 책 만들기 워크숍을 제주에서 언제 할까요?"
"떡볶이 맛있죠?"
"창고는 고쳐서 작업실로 써야지."
"헬로 보람 씨를 제주로 내려오게 하기 위한 전초전이에요."

원경 씨:
"어제오늘 고생 많으셨어요, 자 그럼, 4주 동

안 책 만들기 제주에서 언제 할까요?"
"독립출판물을 어떤 방식으로 받아야 할지 모르겠어요"
"떡볶이 맛있어요!"
"내일은 몇 시에 일어날까요?, 뭐 하실 예정이에요?"

그렇게 밤은 맛있는 떡볶이와 방어가 피날레를 맡으며 지나갔다.

○ **해방촌 이웃,
오랑오랑**

해방촌에서 꽤 오랫동안 머물렀다. 우리 책방 그리고 나, 2013년 12월에 왔으니 벌써 5년을 꽉 채워나가고 있다. 그럼에도 불구하고 주변에 친하게 지내는 곳들이 많지는 않다. 한번 친해지면 상대가 준비되기도 전에, 친한 척을 하기도 하지만, 그 한번 친해짐을 느끼기에 내 성격상 시간이 꽤 소요된다. 그래서 전에 한 번 언급한 '생활 커피', '콩밭 커피', '코코넛 레코드' 외에는 친밀한 이웃이 별로 없었다.

오랑오랑.

2014년, 아무도 다니지 않는 신흥시장 안, 영양탕 자리가 툭툭툭 공사 중이었다. 지금은 지붕을 거둬서 빛과 하늘이 보이지만, 그때 당시에는, 어두컴컴하고 습하고 노오란 조명 빛에 의존하지 않으면 앞도 잘 안 보였다. 그 시장 중간에 있는 자리에 공사를 하다니 어떤 사람들이려나...

꽤나 오랫동안 준비를 하던 공간은 어느 날 짜-잔하고 나타났다. 이름이 '오랑오랑'이라고 하며, 남자 두 분이 운영하는 곳이라고 했다. 워크숍 공간과 책방 사이에 있어서 매일 커피를 테이크아웃하며, 인사를 나누기 시작했고, 이야기를 나누기 시작했고, 인근 새로 생긴 가게에 가서 밥도 먹고 술도 조금 마시며 친해졌다.

지금 그 두 친구는 대구에, 그리고 해방촌에

는 언제나 인스타그램에 신기한 태그를 쓰는 너무 좋은 시누키, 오랑오랑에서 없어서는 안 될 진수 씨, 막내 꼬맹이 건호까지.

오랑오랑의 멤버들이 너무 좋은 사람들이기에, 내가 해방촌에서 책방을 운영함에 큰 힘이 된다. 좋은 이웃이 있다는 건, 정말, 감사하고 감사한 일이다.

○ **책은 어떻게 만드나요?**
'기획'

책방을 하며 가장 많이 들은 질문, 그 첫 번째는 "책은 어떻게 만드나요?"다. 우리 책방은 독립출판물을 전문으로 다루는 공간이다 보니, 유독 그 질문이 많을 수도 있다는 생각을 한다.

그럼 책은 어떻게 만들까?
그 질문 전에, 한 가지 염두 해야 할 것이 있다.

"다른 사람들은 어떻게 했어요?"
"다른 사람들은 어렵지 않게 했나요?"

독립출판으로 내 이야기를 세상에 어떻게 풀어낼지는 온전히 나에게 달려있다. 타인의 기준, 타인의 경험은 도움이 될 수 있겠지만, 절대적으로 중요한 건 책을 만들려는 나 자신이라는 것, 그리고 그 행위가 최소한 나에게만 의미가 있으면 된다는 것,

독립출판의 흐름은 기성출판의 흐름과 같다. 처음은 어떤 책을 만들지에 대한 기획 단계이다.

"블로그에 남몰래 글을 써왔는데, 이 글로 책을 만들어볼까?"
"여행을 다녀왔는데, 정리하면서 책으로 만들어볼까?"
"부모님 생신인데, 선물로 한번 책을 만들어

볼까?"

"메모지에 끄적거린 그림들인데, 이 그림들로 책을 만들어볼까?"

이런 생각들이 만들 책에 대한 기획 단계라고 볼 수 있다.

그 기획 방향이 정해지면, 책으로 만들 콘텐츠들을 정리한다. 어떤 콘텐츠로 내가 만들고자 하는 책을 완성할 것인지. 그렇게 방향성을 정한 후에, 이제 다른 책들을 탐구하러 서점을 찾는다. 시간을 보내기 위해, 특정 책을 구입하기 위해 서점을 가서 타인의 책을 보는 것과 내가 내 책을 만들겠다는 생각으로 타인의 책을 보는 건 다를 수밖에 없다.

책의 판형(사이즈)은 어떤지,
종이는 어떤 것을 썼을지,

내가 가진 이야기와 어떤 것이 적합할지,

제목은 어떻게 배열해야 좋을지,

제목은 어떻게 정해야 할지,

내지는 어떻게 정리해야 할지,

맨 끝에 있는 정리 페이지는 어떻게 하는 게 좋을지,

이런 탐구를 통해 내 책에 어떻게 적용하고 바꿔가면서 해볼지를 연구해야 한다. 내가 가진 이야기가 어떻게 담겨야 좋을지에 대한...

○ **책은 어떻게 만드나요?
'디자인과 인쇄'**

책에 대한 기획이 끝나고, 콘텐츠가 준비되고, 타인의 책에 대한 연구가 끝났다면, 이제 책을 만들기 위한 준비로 돌입해도 괜찮다.

1. 종이 탐구

책은 손으로 잡히는 물성이 있기에, 종이의 종류가 상당히 중요하다. 충무로에 있는 '뛰는 사람들'은 우리나라에서 유통되고 있는 종이들을 대부분 살펴볼 수 있다. 물론 두성의 '인더페이퍼' 그리고 충무로에 위치한 인쇄소에서도 종이

샘플들을 만날 수 있다.

2. 책을 만들 프로그램

책을 만들기 위해서는 '인디자인'이라는 프로그램이 제일 효율적이다. 컴퓨터 활용 능력에 따라 인디자인을 잘 사용하지 못할 수도 있지만, 요새 프로그램 '한글', '워드', 파워포인트', '퍼블리셔' 등을 통해서도 제작이 되고 있기 때문에, 반드시 '인디자인'을 통해서만 책을 만들 수 있는 건 아니다.

3. 디자인

표지부터 내지에 대한 구상은 앞에 설명한 바외 같이 디인의 책을 많이 딤구해아 한다. 제목은 어떻게 배열하는 게 적합할지, 내지 구성, 목차는 어떻게 정렬하는 게 깔끔한지, 이미지는 깨진 것이 있는지 없는지. 타인의 책을 보며 내 것으로 만들면 된다.

작업한 파일을 pdf로 변환하면, 그때부터 인쇄 작업에 들어갈 수 있다.

4. 인쇄

인쇄는 정말 다양하다. 여러 방식이 있다. 독립출판에도 마찬가지이다. 우선 크게 둘로 나눈다면, '옵셋' 인쇄와 '디지털' 인쇄로 나눠진다.

먼저 '옵셋'. 우리가 충무로를 걷다가 공장처럼 큰 기계와 함께 일하는 모습을 봤다면 대부분 '옵셋'일 가능성이 높다. 책 제작 부수가 300부가 넘어간다면 '옵셋'을 고려하는 것이 좋다. 컬러 책의 기준 CMYK 판 4개로 책이 만들어지는데, (형광이나 금, 은색 등 CMYK 조합으로 나오지 않는 컬러는 별색으로 별도의 판을 제작한다.) 그 판을 짜는 비용이 꽤 많이 든다. 그 컬러판 비용을 고려한다면 제작 부수가 많아야 단가를 낮출 수 있다. 다만 제작 부수가 늘어날수록 제작 단가는 급격히 낮아진다.

 부수적으로 소요되는 종이 비용 및 노임비는 총 제작 비용에 크게 늘어나지 않기 때문이다. 그래서 300부, 500부, 1,000부 견적을 내보고 결정하는 것이 좋다.

 '디지털' 인쇄는 인디고 출력 혹은 인디고 인쇄라고도 많이 부른다. 집에서 혹은 사무실에서 컴퓨터 프린트하는 방식과 비슷하다고 생각하면 된다. 다만, 모니터에 보이는 색감에 따라 실제 인쇄가 내가 원하는 색감과 다를 수 있다.

 '옵셋'의 경우 감리(직접 인쇄소에 가서 색감을 조정할 수 있다.)가 가능한 한편, '디지털' 인쇄는 그 점이 조금 어렵다. 물론 인쇄소와 협의하여 그 자리에서 확인이 가능한 경우도 있다. 30부, 50부, 100부 정도 단위가 '디지털' 인쇄가 적합할 수 있다. 부수가 늘어날수록 단가가 내려가긴 하지만 '옵셋' 만큼 크게 줄어들지는 않는다.

상황에 따라 자신이 원하는 스타일에 따라 책을 만들 수 있다.

참고로 제본 방식도 여러 가지다.

스테이플러로 제본을 한 '중철 제본'
실로 제본을 하는 '실 제본'
일반적으로 책에 많이 사용하는 '무선 제본' 혹은 '떡 제본'
책등이 보이는 '사철 제본' 혹은 '노출 제본'
무선 제본처럼 생겼지만 책이 180도 펼쳐지는 'PUR 제본'
딱딱한 커버로 덮은 '하드커버 제본' 혹은 '양장 제본'

등등 여러 방식의 제본 방법들이 존재한다.

O　　　**독립출판물은
　　　　어떻게 파나요?**

인쇄가 끝나고 책을 받으면,

그다음은 어떻게 해야 할까?

　독립출판의 시작은 '개인'의 지인 판매를 무시할 수 없다. '앗, 네가 책을 냈단 말이야?' 하며 관심을 가지며 사주는 지인들부터 시작해서, SNS를 활용해서 내 책을 직접 판매해 볼 수 있다. 지치지 않고 꾸준히 내 작업물을 올린 SNS는 책 제작 후 큰 힘을 발휘할 수 있다.

제작한 책은 가능하면 판매를 하는 것이 좋다고 생각한다. 공짜로 생긴 것, 공짜로 생긴 책에 대한 마음가짐이란 게, 아무리 함부로 하지 않겠다고 결심하더라도 자연스레 그렇게 될 수밖에 없는 면이 있기 마련이다. 내가 내 책을 만들 때 고민하고 씨름했던 것을 고려한다면, 지인에게도 내 책을 판매하는 게 좋다고 생각한다.

사주지 않더라도 삐지지는 말기...

두 번째는 독립출판 서점에 위탁하여 내 책을 판매할 수 있다. 책방에 입고하기 위해서는 책방에 이메일을 보내야 한다.

'안녕하세요, 이번에 <ㅇㅇㅇ>이라는 책을 만든 누구누구입니다'로 시작을 해서, 책 제목, 책 판형, 페이지수, 책 소개 글을 비롯한, 책 표지 jpg 파일 한 컷, 내지 네다섯 컷을 첨부파일로 넣어, 책방 공식 메일 계정으로 메일을 보낸다. (책방마다 SNS 혹은 사이트에 입고 관련 메일 혹은 방법들을 기재해 두었으니 반드시 참고한다.)

그럼 책방의 속도에 따라 회신이 온다. 어떤 책방은 바로 혹은 그다음 날 혹은 그 다음다음 날 혹은 일주일 후에... 종종 회신이 없는 경우도 있다. 이는 거절의 의사 혹은 메일이 누락된 경우일 수 있다.

입고가 정해지면 책방마다의 기준에 따라 회신이 온다. 수수료율이나 정산 주기 등등에 대한 기준. 그에 따라 입고를 결정하면 된다. 전국에 독립출판물 서점이 300개가 넘은 상황으로, 행여 거절을 당하더라도 상처는 받지 말자. 이 책방과 내 책이 맞지 않는가 보다 생각하면 된다.

세 번째는 독립출판 마켓에 나가서 직접 판

이니까 다른 이름이 필요했다.

 이웃에 있는 콩밭 사장님과 마켓에 대한 이야기를 하다가, '지하경제 활성화'에 대한 웃지 못하게 슬픈 이야기가 나왔다. "그럼, 지하 시장 어때요?"로 시작되어, 해방촌 '언더그라운드 마켓'으로 정하게 되었다. 매사 바로 결정되는 편이라 이 마켓의 이름을 정하는 것도 오래 걸리지 않았다. 다만 '지하 시장'을 해버리면 표적이 될 것 같은 생각에 영어로 바꿨다.

 그렇게 시작해서 2015년 여름에 첫 회를 진행했고, 2016년 12월 6회를 끝으로 마감했다.

 첫 회는 '요조' 씨와 전기뱀장어의 '잉선생' 님의 공연이 있었고, 2회에는 '수상한커튼', '코가손', '위댄스'의 공연도 있었다. 마켓에 온 분들, 혹은 참가한 팀들을 위한 공연이었는데, 막상 공언이 시작되면 공연을 보려 하는 인파로 교체가 되자 공연을 하는 것에 대한 의문이 생겨 3회부터는 공연을 하지 않았다. 그리고 마켓이 끝나자마자 가구 배치를 신속히 바꿔야 하는 어려움도 한몫했다.

나는 독립출판물을 파는 마켓이 있었으면 했다. 물론 세종예술시장 '소소'가 그 역할을 충분히 하고 있지만, 온전히 책을 만든 사람들이 꾸미는 장터가 있었으면 해서 마켓을 꾸렸었다.

2016년 연말에 진행한 6회 '언더그라운드마켓'이 흥행에 참패를 하며, 마켓을 열어야겠다는 원동력이 사라져버렸다. 추운 날씨임에도 불구하고 긴장한 탓에 땀이 났던 기억으로, 내가 무엇을 위해 이 행사를 한단 말인가 하는 자괴감으로.......

○ **불편할 수도 있겠지만,**

　　　　　며칠 전 어느 공간에서 제법 큰 규모의 마켓이 있었다.

　일요일과 월요일에 걸친 행사였는데, 갑작스러운 기상 악화로 월요일 일정이 취소되었다. 열시부터 마켓이 시작되었는데 아홉 시 반쯤 유선으로 취소되었다는 연락을 받았다. 현장을 정리하려고 도착했더니, 마치 전쟁터 같은 느낌이었다.

비가 많이 내리기도 했고, 여기저기 천막들이 거칠게 부는 바람에 더욱 거친 소리를 내고 있었다. 어두운 구름이 가득한 하늘 아래, 양옆으로는 차들이 다니고, 친한 가게 두 곳의 운영자분(오오 님과 뽕뽕 님)이 계셨다. 그분들도 정신이 없어 보이는 느낌.

"이왕 이렇게 된 거 점심 같이 먹어요" 제안을 했다. 오오 님은 오케이, 뽕뽕 님은 도와주러 온 분께 여쭤보고 알려준다고 했다.

그 후, 뽕뽕 님이 도와주러 온 분께서 불편해서 밥 같이 못 먹을 것 같다고, 아무래도 따로 밥을 먹어야 할 것 같다고 했다. 그 뽕뽕 님 가게 부스를 도와주러 온 분은 꽤 오랫동안 봐왔고, 늘 고마운 분이었다. 가게에 가끔 딸기도 사다 주시고, 물건도 많이 구입해 주시고, 가끔 말도 건네주시는 따뜻한 그런 분.

그런데 왜 나를 불편해할까? 지난번에도 약간 비슷한 일들이 있었던 터라 더욱 그런 생각이 들었다. 좋았던 의도로 권했다가, 마음만 상했다.

또, 표정 관리 못하고.
참 못났다, 나는.

○ **메시지 기계**

책방을 운영하며 여러 수업들을 병행하고 있다.

그렇다 보니 그 수업에 대한 접수를 시시때때로 거의 깨어있는 시간 동안 받고 있다. 카카오톡으로 신청을 받기도, 휴대폰의 문자 혹은 전화를 통해 받기도 한다. 휴대폰을 끄지 않으면 새벽 세 시에, 두 시에, 다섯 시에 연락이 오는 때도 있다.

자려고 침대 위에 눕고 이불을 내 몸 위로 감

싸면 휴대폰의 전원을 끈다. 이 정도로 거의 매일 워크숍 관련 업무를 하다 보니 수강하려는 분들께 기존에 보냈던 문자를 그대로 보낸다. 표준화된 형식이 있는 건 아니지만, 패턴들이 비슷하다 보니 공통적으로 보내는 메시지들이 있다.

지난번 원데이 수업을 진행할 때, 듣던 분 중에 한 분이,

"직접 뵈니까, 정말 잘 웃으시고 재미있으시네요."
"워크숍 신청할 때 기계인 줄 알았어요." 말했다.

간혹 내가 그 메시지들을 보내면서도 그런 생각을 한 적이 있었는데, 그 생각이 그렇게 텍스트를 타고 전달이 되는구나, 느꼈다. 가끔 이모티콘도 쓰고 눈웃음도 하고 해야 하는데, 막상 매일매

아리에게 조그마한 간식을 챙겨주고 씻는다. 양치를 하며 운영하는 가게의 인스타그램에 한 상품을 업데이트하고, 얼굴은 대충 씻고, 짧은 머리도 샴푸를 간단하게 하고 화장실을 나왔다.

그 사이 엄마를 가까운 역까지 모셔다드리고 온 아버지가 집에 도착해 계셨다. 어색한 아침 인사를 나누고 커피를 내린다. 꼭 아침 식사를 하셔야 한다고 당부를 드리고, 집 밖을 나섰다.

6118

 부모님과 함께 거주를 하고 있는데, 2014년 말에 집이 인천 '청라'라는 지역으로 이사를 했다. 웬만한 거리는 차를 안 타는 성격이라, 서울역으로 가는 광역 버스를 애용했다. 실제 차를 타는 시간은 여러 정류장을 들렀다 감에도 불구하고 1시간 조금 넘으면 청라에서 서울역에 무사히 도착하곤 했다.

 매섭게 추웠던 어느 날, 버스가 오지 않았다. 20분이 지났고, 30분이 지났고, 50분이 지났다. 1시간 30분 정도 지났을 때 그때야 나타난 버스... 시간이 지날수록 곧 버스가 오겠지, 라는 생각으로 기다렸는데, 그렇게 기다린 시간이 1시간을 넘어가버린 것이다.

화를 내고 싶었지만, 기사를 째려보고 이 정도면 나의 불만을 느꼈겠지. 한숨을 쉬며 자리에 앉았다. 다음 정류장에서 버스를 타는 손님들이 화를 내기 시작했다. 도대체 버스 배차가 어떻게 되느냐며... 그것을 들으며 나도 저 정도는 했었어야 했는데, 싶었다.

기사님이 사태의 심각성을 느끼지 않았을까 하던 찰나에, 기사님이 덜컥 화를 냈다. 다른 기사가 그만두고 회사에서 아무 대책을 안 낸 상태에서 내가 어떻게 해야 하냐고. 맞는 말씀이기는 했지만, 그렇게 추운 겨울날 1시간 반을 넘게 정류장을 서성거렸을 승객들의 마음을 조금이라도 알았다면.

그렇게 화를 고객들에게 전가할 수 있을까 하는 생각이 들었다. 누가 누구한테 화를 내는 건 좋지 않은 것이지만, 그때 기사님이 승객들에게 낸 화는 정말 최악이었다.

그렇게 몇 차례 버스를 한 시간 넘게 기다리는 일들이 반복되어, 난 이제 차를 타고 다닌다.

○   **덤프트럭과 코끼리**

　　　　　출근을 위해 운전을 하면 고속도로 진입 전에, 유독 덤프트럭을 비롯해 큰 화물차량들이 셀 수 없을 정도로 많이 지나간다.

　봄날이었는데, 비가 많이 왔던 날이었다. 도로 수도가 막혔는지 도로와 보도 사이에 물이 가득 고여 도로 위가 마치 작은 호수처럼 되어 있었다. 맑지 않고 흐리멍덩한 빛의 물이 작은 호수가 되어, 그 호수 위를 큰 덩치의 덤프트럭이 지나간다. 내 앞에. 그 고인 물이 옆에 달리고 있는 나를 덮는다.

그 순간 기분이 나쁘기보다는 마치 정글에서 코끼리가 코에서 물을 뿜는 상상을 했다. 운전을 하면 가끔 그런 상상이 들 때가 있는데, 그럴 때마다 뭔가 스스로 행복해짐을 느낀다.

그리곤 다시 차에서 내리면,
"아... 세차..." 하는 말을 내뱉기도 한다.

○ 물에 빠진 사람은 물에 빠진 채로

그것을 느끼게 해준

사람이 알면 좋겠다.

모른 척한다면 어쩔 수 없겠지만.

매할 수 있다. 세종문화회관 '세종예술시장 소소', 유어마인드에서 주최하는 '언리미티드 에디션', 헬로인디북스, 스토리지북앤필름, 다시서점 등 놀궁리 멤버가 주최하는 '퍼블리셔스 테이블', '프롬더메이커스', '아마도 생산적 활동', '서울독립출판 페스티벌' 등 연중 다양한 독립출판 행사가 있으니 참고하였다가 마켓에 참여해보는 것도 좋다.

O **성수동**

이 글을 쓰고 있는 현재 2018년 7월 20일, 한 달 동안 성수동에서 팝업스토어를 운영 중이다.

공간과 브랜드에 대해 연구하는 '필라멘트'에서 꽤 오래전부터 제안해 주셨지만, 책방 운영에 여력이 없던 나는 그간 정중히 거절을 했었다. 하지만 이번엔 시기가 너무 잘 맞아서 칠월 분점을 열 수 있게 되었다.

6월, 공간을 알아보기 위해 성수동을 찾아가 보았다. 차가 많이 다니지 않는 거리에 은행나무들이 양쪽으로 있고, 평평한 평지에 붉은 벽돌로 만들어진 예쁜 건물이었다. 마침 시기도 맞았고 위치도 좋았고 점포도 마음에 들었다. 그렇게 대표님과 7월에 팝업을 열자며 이야기를 나누었다.

　어느덧 6월의 마지막 날, 천 가방 서른 개쯤의 재고들과 성산동 초판 서점을 정리하며 챙겨 온 재고들과 가구들을 배치하며 책방을 꾸몄다. 제법 오랜 시간이 걸렸다. 책이 워낙 무겁기도 하고 정리를 해도 어쩐지 비어 보이는 느낌들을 받았다. 요렇게 요렇게 배치를 했다가 저렇게 저렇게 배치를 했다가 그렇게 네다섯 시간 만에 책방의 형태를 잡았다. 기존에 가구들이 있어서 천만다행이었다.

　칠월 분점에서는 무언가 새로운 것들을 계속

해보고 싶다는 생각으로 실험을 하고 있다. 자주 하지 못했던 북토크나 포틀럭 파티나 뜨개질 워크숍 등 기존에 해왔던 것과는 조금 결이 다른 행사들을 해보았다.

지난 스무날의 과정을 보면 꽤나 만족스럽다. 혼자, 스스로, 봤을 땐... 으헝... 다 재미있었다.

그간 해방촌이라는 곳에 있으면서 그리고 성산동 초판서점에 있으면서 한동안 잊고 있었던 질문들을 다시 받았다. 참고로 성산동의 경우 일반건물 3층에 위치해 있기도 했고 '스토리지북앤필름' 소식을 받거나 '초판서점' 소식을 받는 분들께서 주로 오셨기 때문에 한동안 잊었던 질문들을 받지 않았다고 생각한다.

"괜찮으세요? 책방?"

안쓰러운 눈빛으로 나를 바라보며 말씀을 건네신다.

"저... 괜찮아요... 노력한 만큼 그만큼 잘 되고 있어요." 이렇게 답변드렸지만, 영 믿지 못하는 표정으로 여전히 걱정 어린 눈빛으로 날 바라본다.

나도 거리를 걷다가 영 장사가 안 돼 보이는 가게가 있으면 혼자 걱정을 하기도 하니까. 그분의 마음과 말의 건넴이 기분 나쁘지 않았다.

그렇게 물어보고 한참을 책방에서 책을 보고 나가셨다.

그렇게 걱정되시면 책 한 권 사주시지.
데헷.

O   **언더그라운드 마켓**

2013년과 2014년, 헬로인디북스 보람 씨와 일러스트레이터 카이 킴과 이야기를 나누며 시작된 '퍼블리셔스 테이블'은 보람 씨의 에너지 부족으로 더는 추진하기 어려웠다. 그렇다고 혼자 할 자신은 더더욱 없었기 때문에.

보람 씨와 이런저런 이야기를 하다가 "난 책방만으로도 힘들어"라는 이야기를 듣고, 그럼 해방촌에서 작게나마 마켓을 하겠다고 이야기했다. '퍼블리셔스 테이블'은 '퍼블리셔스 테이블'

일 반복되는 접수와 환불, 상담에 대한 메시지에 그럴 여유가 없다.

그럼에도 불구하고 기계가 아닌 사람이 메시지를 보냈다는 느낌을 전달하도록 해야겠다.

크크.

O **문을 열기까지,**

가게 문을 여는 시간은 11시, 가게에 도착한 시간은 9시 반.

주차를 하고 운전석 옆자리를 본다. 가게에서 팔아야 할 것들이 여러 천 가방에 담겨 널브러져 있다. 이 가방, 저 가방 어깨에 담는다. 보통 네다섯 개의 천 가방을 한 어깨에 걸치게 된다. 그렇게 이고 지고 삼 층 가게로 올라간다.

우선 바닥에 천 가방들을 놓는다. 컴퓨터를

켜고 조명을 켜고 스탠드를 켜고, 다시 그 천 가방들을 바라본다. 주섬주섬 가방마다 들어있는 것들을 꺼내며 가게에 적당한 위치에 배치를 한다. 그렇게 배치를 하다 보니 허기짐이 온다.

'아, 오늘 아침을 안 먹었구나.'
매일 먹던 아침을 하루 안 먹었다고 바로 몸이 반응을 한다.

감기로 몸이 그냥저냥인 상태라 약을 먹어야겠다는 신념을 더해 '탕볶밥'이 먹고 싶어졌다. 옆 건물에 있는 중국집은 약간 많이 더러운 데다가, 마침 영업도 하지 않는 시간이라 슬슬 산책 겸 식당을 찾으러 나섰다.

가는 길에 있는 식당들을 보며 생각했다. 수제빗집은 너무 많이 갔고, 순댓국은 당기지 않고, 어제 제육볶음을 먹었던 식당에 가야겠다며 그

곳을 향해 걸었다.

'아, 식사가 11시부터네, 맞은편 베트남 쌀국숫집을 봤다. 아, 여기도 식사가 11시부터네.'

식당들이 제법 있는 골목이어서 다시 걷는다. 열려 있는 곳들이 없다. 그러다가 우연히 마주친 천국이네로 가서 김밥과 라면을 먹었다.

컨디션이 좋지 않아서인지 절반 정도 먹고 나니 포만감으로 더 이상 남은 김밥과 라면이 들어갈 자리가 없어졌다. 계산을 하러 나온 아주머니는 "왜 이렇게 많이 남겼냐"고 하시며 표정으로 '내 음식이 이상한가'라는 말을 건넸다. "맛있게 잘 먹었는데, 감기라 배를 채우기 위해 먹다 보니 많이 못 먹었어요" 답했다.

계산을 하고 식당을 나오며, '배를 채우기 위

해 먹었다' 이렇게밖에 표현하지 못하다니…….

오늘 아침

침대에서 눈을 뜨니 방문 밖에서 아리가 킁킁거리는 소리가 들린다. 엄마 방에서 함께 생활을 하는 아리여서, 엄마가 방문을 닫았나 하며 방문을 나왔다. 나와보니 아리가 현관 앞에서 킁킁거리고 있다.

'아 맞다. 이틀 전에 엄마가 건강 검진받으러 아침 일찍 나간다고 했었는데.'
그제서야 생각이 났다.

○   **몇 살이에요?**

어제 키우고 있는 강아지 아리의 미용을 예약하기 위해 인근에 있는 숍에 전화를 걸었다.

오늘 당일은 예약이 안 되고, 내일도 안 되고 모레도 안 되고, 그다음 날은 예약이 가능하다고 했다. 시간을 예약하고 건너에서 아리의 이름을 물어봤다. 종류를 물어봤다. 그리곤 나이를 물어봤다.

점원: 몇 살이에요?

나: 열다섯 살이에요.

점원: ...... 저희는 10살 넘으면 받지 않아요.

나: 아, 네. 알겠습니다.

그렇게 대답을 하고 통화를 끊었다. 너무나도 불쾌해 말끝에 나의 불편한 심기를 표현했는데 충분히 전달되지 않은 것 같아 다시 전화를 걸까 했지만, 말았다. 인터넷 가게 후기에는 꼭 남겨야지 했는데, 아직 남기지 않았다. 10살이 넘은 강아지들은 미용조차 받지 말라는 것인지. 신장개업했다며, 홍보물을 여기저기 뿌리던 곳이 맞는 것인지.

너는 나이 안 먹는 줄 아냐!
너도 곧 꼬부랑 할머니가 될 거야.
그때 미용실에서 너무 늙었다고, 문전박대해도 입 다물기를.......

○ **남해에
다녀오면서,**

남해에서 열린 마켓에 참여하고 서울로 올라왔다. 도로는 정말 잘 되어 있어서 막히지만 않았다면 다섯 시간 안으로 왔을 정도였는데, 신탄진부터 막혀서 거의 여덟 시간 동안 운전을 했다. 친한 동생 태재와 헬로 보람 씨와 동행을 했는데, 서울에 진입하자마자 태재가 떠나고 보람 씨와 이런저런 이야기를 하다가, 보람 씨가 "마이크는 워크숍 하면서 뭐를 얻었어요?" 물어봤다.

나는 바보같이 "저 밥 먹을 돈?" 이렇게 답변했는데, 보람 씨는 이렇게 말했다.

"태재를 만났잖아요. 태재만 한 친구를 만나는 거 쉽지 않은데, 행운인 거 같아요."

집으로 혼자 운전을 하며 가는 길에, 워크숍을 통해 만났던 태재를 비롯해 소중한 친구들의 얼굴들이 떠올랐다.

아... 독립출판하기 잘했다!

○ **독립출판과 독립 책방 팟캐스트 '스몰포켓'**

독립출판과 책방으로 만나 친하게 지내는 동생 태재와 이야기 나눌 자리가 많았다. 이런저런 이야기를 하다가 "우리 팟캐스트 한번 해볼까"라는 이야기가 나왔다. 참고로 2013년부터 2015년 1월 마지막 업데이트로 비슷한 패턴의 방송이었던, 헬로인디북스에 연락을 드려 허락을 받고 시작했다.

0회 녹음 겸 팟캐스트 이름에 대한 이야기들을 나누기 위해, 록셔리 님을 초대하였고 셋이 도란도란 앉아 논의를 하기 시작했다. 여러 후보의 이름이 거론되었지만, 지금 생각해 보면 '스몰포켓'만 기억이 난다. 태재가 제안한 이름으로, 바지의 주머니 위에 있는 작은 주머니 '스몰포켓'을 제안했다.

작지만 요긴한 목적의 '스몰포켓'이 우리의 팟캐스트 이름으로 적합하다고 생각했다. 우리의 시작점과도 비슷하다. 독립출판 제작자들과 독립 책방 운영자들의 이야기를 들을 수 있는 무언가가 필요하다고 생각이 드는데, 그에 적합한 방송이 없었다. 그렇게 기획된 팟캐스트였기 때문에, '스몰포켓'을 대체할 만한 제목이 떠오르지 않았다.

그렇게 엉겁결에 이름을 정했고, 0회차 녹음을 시작했다.

내킬 때 녹음하고 당길 때 올리는 방송이라 2018년 7월, 34회차까지 방송을 했다. 온전히 마이너스인 프로젝트이지만, 독립출판이나 책방을 준비하는 분들께 도움이나 제작자들의 이야기를 들을 수 있는 장이 된다면 꾸준히 해볼 예정이다.

○　　　　**돈 받고 여행가는 일**

　　　　　　내 인생에 있어서 여러 가지 꿈이 있다. 취미가 사진이고 여행이라, 언젠가 돈을 받고 여행을 갈 수 있으면 얼마나 좋을까, 그럴 수 있으면 너무 좋겠다, 하는 꿈.

17년 1월 책방으로 메일이 한 통이 왔다. 메일의 요지는 홍콩 여행 경비를 충당해 주고, 내가 해야 할 역할은 사진을 찍어 SNS에 매일 다섯 장씩 올리고, 그다음 달 발행될 매거진에 사진과 짧은 여행기를 쓰면 되는 일이었다.

심장이 벌렁벌렁했다.
'와 나에게, 이런 기회가... 여러 가지의 꿈 중의 하나가 성사될 수 있는.'

흔쾌히 승낙을 했고, 담당 에디터 님과 두세 차례 미팅을 하고, 홍콩을 향해 떠났다.

이미 여러 차례 생각한 것이지만, 독립출판 하기를, 독립 책방 운영하기를, 너무 잘한 것 같다.

O **시시때때 특별활동**

어느 추운 날 헬로인디북스의 보람 씨와 도란도란 이야기를 나눴다. 때는 마침 보람 씨의 신간 <적게 벌고 행복할 수 있을까>라는 책이 세상에 나오고 많이 판매되는 시점이었다.

책 표지 그림이 좋다,
제목이 한몫을 했다,
글 내용이 너무 좋았다.

이런저런 이유를 찾아가며 '적벌행'의 흥행을

분석했다. 아무 답도 없는 분석을... 보람 씨를 만나면 참 많은 이야기들을 하게 되는데, 그러다가 보람 씨가 따뜻해지면 제작자들이랑 뭐 재미있는 거 해보면 어떻겠냐고 물었다. 마켓은 안 되고, 모임을 하면 좋을 것 같다는. 독립출판 제작자들은 워낙 다 다르고 마켓이 아닌 자리에서는 서로 인사를 나누고 얼굴 볼 길이 별로 없기에 뭔가 그런 자리가 마련이 된다면 좋겠다는 생각이 들었다.

"오 좋아요! 합시다 보람 씨."
"근데 마켓이 아닌데 제작자들이 모일까?"
"아부노 안 오면 우리끼리 그냥 놀지 뭐."
"근데 설마 우리끼리만 있진 않겠지."
"생각보다 많이 올 수도 있어."

손을 대는 것마다 마이너스인 보람 씨와 함께 그렇게 '시시때때 특별활동'은 시작이 되었다. 당시에 사진전을 하게 되며 생긴 돈으로 합정 근처에 있는 공간 대관을 진행했다. 보람 씨와 다시서점 경현 씨와 만나서 공간의 여기저기를 확인하며, 어떤 프로그램을 진행하면 좋을지 어떻게 시간을 활용하면 좋을지를 의논했다.

회의는 꽤나 자주 했다. 그러면서 멤버가 한 명, 한 명, 한 명 모이기 시작했다. 록셔리 영석 씨, 하우위아 소라 씨, 하련 씨, 디오브젝트 앵까지. 내가 지칭하진 않았지만 보람 씨가 '놀궁리'라는 이름을 붙였다. 이제 그만 놀아야 하는데...

회의를 하며 제작자들의 이야기를 듣는 시간, 책방 운영자들에게 질의응답하는 시간, '이게 책임감' 상영회 등으로 일정을 세웠다. 계획한 대로 '시시때때 특별활동'은 무사히 진행되었고, 행사 후 진행된 회식도 꽤 나름 재미있게 보냈던 것 같다. 그날을 계기로 친해진 제작자들도 보이고, 이런 모임 자리를 마련해줘서 고맙다는 이야기들도 너무 큰 힘이 되었다.

보름이 지났을까. 보람 씨로부터 '시시때때 특별활동' 회계 자료가 왔다.

총 -1,xxx,xxx

마이너스를 생각은 했었지만, 숫자 일곱 단위의 마이너스는 처음이었다.

역시, 그래도 즐거웠다.
?! 응?!

나가며,

<바캉스>의 개정판인 <내가 책방 주인이 되다니>를 세상에 다시 내놓을 줄은 몰랐다. 물론 2015년 말에 만든 <바캉스>도 내놓을 줄은 역시 몰랐었다. 그리고 내가 책방을 하고 있을 줄은 대학 졸업 때만 해도 몰랐었다. 그렇게 예상치 못한 일들이 생기고, 변화가 있었고, 그 변화 속에서 원하는 삶을 찾아가고 있는 길인 것 같다.

그 길엔 늘 응원해 주고 힘을 북돋아 주는 이들이 있었다. 어쩌면 이들이 있었기에, 그 변화에 잘 적응하며 책방을 즐기며 하고 있는지도 모르겠다.

종종 "앞으로의 계획은 어떻게 되세요?"라는 질문을 받는다. 그전에도 내 삶의 방향을 몰랐듯이, 원대한 계획 없이 하루하루 살다 보면 또 다른 재미난 일들을 만나게 되고, 그게 내 삶 혹은 스토리지북앤필름의 계획이 될 것 같다.

해방촌 언덕에 위치한 삭은 책방임에도 불구하고 늘 응원해 주는 분들께 감사드리며, 부족하지만 그 부족함을 채워가는 책방으로 남고 싶다.

다시 펴내며

어느새 <내가 책방 주인이 되다니> 4쇄를 준비하게 되었다. 실은 이 책의 초판이었던 <VACANCE : 내가 책방 주인이 되다니>를 고려하면 5쇄가 되는 것이다. 이 별 볼 일 없는 책방 운영자의 이야기가 누적으로 4천 부 판매가 되다니 실로 놀라지 않을 수가 없다.

신간을 만들어야 했고, 급한 상황을 해결해 보고자 블로그에 적었던 일기들을 엮어 만들어진 이 책. 지금 보면 너무나도 부끄럽고 쑥스럽지만 그럼에도 과거의 내가 적은 글들이고, 책방에서 있었던 일들을 기록한 것이기에 후회하진 않는다. 그리고 이 책을 만나주신 독자분들을 생각한다면, 당연히 이 책이 자랑스럽기도 하다.

그동안 사진을 통해서 만드는 책 작업을 해오다가 에세이라는 장르의 책이 세상에 나오니 그렇게 부끄러울 수가 없다. 나의 내면이 그대로 드러나는 것만 같고, 내가 너무 별로인 사람 같고, 이런 나 괜찮은가? 라는 생각이 문득문득 들었기 때문이다. 이 책을 통해 에세이라는 장르가 참 매력적이란 생각을 많이 하게 되었다. "사장님과 이 책을 읽고 내적친밀감이 많이 생겼어요!"라고 해주신 분들이 정말 많이 계셨는데, 아마도 나라는 사람 자체가 그대로 담겨서가 아닐까 싶다.

스토리지북앤필름은 어느새 지난 1월 15주년을 맞이했고, 그렇게 매일 책방을 열며 시간을 보내고 있다. 여전히 책방 운영에는 어려움이 많고, 고민도 많지만 매일 만나는 동료들, 제작자 친구들, 다른 책방 운영자분들을 통해 힘을 받으며 이어간다. 현재 운영하고 있는 해방촌점과 로터리점 모두 월세가 올랐고 오르고 있지만, 이 또한 시간이 흘러 돌이켜보면 "별거 없었네"라고 생각하게 되겠지란 희망을 품는다. 현실적으로 아무 대책도 없지만서도, 마음만은 그렇게 생각해 본다.

"돈을 못 버는데 왜 책방을 해요?"라는 질문에 "너무나도 어려운 상황이지만 책방의 일이 참 행복해서요"라는 답을 하곤 한다. 돈은 많이 벌고 많이 있으면 또 그만큼 행복하겠지만, 없으면 없는 대로 하루하루 만족하는 삶을 나는 살고 있으니까, 애

써 스스로를 위로한다. 언젠가 대기업이 우리 책방 사주면, 좋겠다는 바람도 해본다. 으핫.

이 책을 디자인한 김현경 작가에게 "다시 펴내며 써 볼게! 4쇄잖아!"라는 말을 왜 했을까란 생각을 지금 하고 있다. 글의 마무리를 지어야 하는데 도통 알 수가 없지만, 고맙다는 감사하다는 말을 꼭 또 남기고 싶었다. 오늘도, 어제도 그리고 온라인으로 스토리지북앤필름을 통해 독립출판물을 구입해주시는 분들 덕분에 그 소중한 하루하루를 버틸 수 있다고, 그래서 너무 고맙다고 건네고 싶었다.

언제까지 스토리지북앤필름이 이 세상에 존재할 수 있을지 그 누구도 알 수 없겠지만, 언제나처럼 한결같이 같은 자리에 있을 수 있을 만큼 잘 있다가 사라져도 우리의 스토리지북앤필름은 모두가 기억해주는 작은 책방이 되기를 바란다.

2024년 7월 30일

이크이크 마이크

"내가
책방 주인이
되다니!"

글쓴이 **마이크**

사진을 찍고,
책을 만들고,
책방을 운영합니다.

내가 책방 주인이 되다니

내가 책방 주인이 되다니
STORAGE BOOK & FILM series #1

글 **마이크**

편집 **오종길, 김현경**
디자인 **김현경**

펴낸곳 **STORAGE BOOK AND FILM**
홈페이지 **storagebookandfilm.com**
이메일 **juststorage.press@gmail.com**

SNS / instagram **@storagebookandfilm**

초판 1쇄 펴냄 **2018년 9월 17일**
초판 4쇄 펴냄 **2024년 12월 20일**

*이 책의 내용의 전부 또는 일부를 재사용하려면
펴낸곳을 통한 저작자의 동의를 받아야 합니다.